本书的出版得到浙江财经大学工商管理学院王建明院长主持的
神国家社科基金重大项目"数字经济时代完善绿色生产和消费的制
号：20ZDA087）和谢凤华主持的浙江省自然科学基金项目"产品伤害危机情境下基于社群营销的企
业服务补救对顾客宽恕的影响机理研究"（编号：LY22G020009）的资助。

U0681538

数字时代企业转型升级和绿色管理丛书

基于绿色管理的
消费者幸福研究

谢凤华　古家军◎著

经济管理出版社

ECONOMY & MANAGEMENT PUBLISHING HOUSE

图书在版编目（CIP）数据

基于绿色管理的消费者幸福研究/谢凤华，古家军著.—北京：经济管理出版社，2022.6

ISBN 978-7-5096-8481-8

Ⅰ.①基… Ⅱ.①谢… ②古… Ⅲ.①顾客满意度—研究 Ⅳ.①F719

中国版本图书馆 CIP 数据核字（2022）第 099560 号

责任编辑：张莉琼　詹　静
责任印制：黄章平
责任校对：张晓燕

出版发行：经济管理出版社
　　　　　（北京市海淀区北蜂窝 8 号中雅大厦 A 座 11 层　100038）
网　　址：www.E-mp.com.cn
电　　话：（010）51915602
印　　刷：唐山玺诚印务有限公司
经　　销：新华书店
开　　本：720mm×1000mm/16
印　　张：12.5
字　　数：159 千字
版　　次：2022 年 10 月第 1 版　　2022 年 10 月第 1 次印刷
书　　号：ISBN 978-7-5096-8481-8
定　　价：78.00 元

总　序

以互联网经济和数字经济为代表的数字科技革命正全面引领中国经济的发展，我们已经步入数字时代。以大数据、人工智能、云计算为代表的数字时代催生了新的管理理念和管理模式，数字时代要求企业转变经营理念、加快转型升级。数字时代下，随着转型升级成为中国经济发展的主旋律，针对管理实践中如何破解"成长中的烦恼"、推进经济结构的战略性调整和发展方式的根本性转变这一时代难题，我们需要坚定不移打好转型升级系列"组合拳"，深入研究转型升级的管理战略和路径方法，这也是中国未来相当长时期的一个重点任务。

绿色是生命的象征、大自然的底色，绿色更代表了美好生活的希望、人民群众的期盼。绿色发展是将环境保护作为可持续发展重要支柱的一种新型发展模式，成为当前我国经济最为重要的发展方式。"绿水青山就是金山银山"，践行绿色发展理念，推动绿色发展革命已经获得了政府、企业和社会各界的广泛认同。党的十九届五中全会公报提出"促进经济社会发展全面绿色转型"，"十四五"规划再次明确"促进经济社会发展全面绿色转型"。可以预见，绿色发展将在未来国家中长期发展中占据极为重要的地位。

长期以来，浙江财经大学工商管理学院始终坚持求真务实、服务社会的社会责任心，秉持科学严谨的学术态度，坚持实践出真知，研究围绕国家和浙江区域发展面临的重大组织困境、社会管理困境展开，用有效的科学手段来深入解答管理学问题，推动管理学研究从"外生性"向"内生性"转变，推动管理学知识体系从"静态均衡"向"动态均衡"发展。本系列丛书是浙江财经大学工商管理学院教师多年来对企业转型升级和绿色管理实践研究的学术成果结晶。丛书围绕数字时代企业转型升级和绿色管理的具体实践和经验进行精耕细作式解剖、探讨，深入挖掘数字时代企业转型升级和绿色管理成功的内在原因，分析企业转型升级和绿色管理面临的机遇和挑战。

本系列丛书主题涵盖数字时代下企业转型升级和绿色管理的各个方面，具体包括"平台企业嵌入集群创业网络下的产业转型升级研究""定制化绿色信息影响研究""开放式创新网络中的价值创造与价值独占研究""绿色消费溢出效应研究""绿色管理背景下道德专注力研究""企业战略转型与绿色创新管理研究""基于绿色管理的消费者幸福研究""组织转型与绿色人本管理研究""生活方式绿色转型研究""浙商数字化转型升级经验研究""成员异质性及其影响研究""互联网背景下绿色创业研究"等。丛书通过对相关企业转型升级和绿色管理的深度剖析，力求从多个维度或不同角度全方位阐释数字时代企业对外部环境的响应和自组织变革，进一步传承浙江企业拼搏进取、开拓创新的商业精神，同时形成企业转型升级和绿色管理的系统理论体系。

期望本系列丛书的出版为数字时代中国特色管理理论特别是转型升级和绿色管理理论发展增添更多现实基础，更有效、更精准地赋能新时代各类企业开创新的辉煌。期待本丛书的出版在一定程度上会对各类企业转型升级和绿色管理实践提供一定的智力支持和思想引领，从多个角度助推新时代中国企业加快转型升级和绿色高质量发展的步伐。

王建明　教授

浙江财经大学工商管理学院/MBA 学院院长

2021 年 4 月

前　言

　　绿色发展是 21 世纪人类发展的共同追求，也是新时代党推动我国经济和社会发展的重要理念之一。党的十八届五中全会提出，"破解发展难题，厚植发展优势，必须牢固树立并切实贯彻创新、协调、绿色、开放、共享的发展理念"，"坚持绿色发展，必须坚持节约资源和保护环境的基本国策，坚持可持续发展，坚定走生产发展、生活富裕、生态良好的文明发展道路，加快建设资源节约型、环境友好型社会，形成人与自然和谐发展现代化建设新格局，推进美丽中国建设，为全球生态安全作出新贡献"。党的十九大报告强调，"坚持人与自然和谐共生"，"形成绿色发展方式和生活方式"。深刻理解新时代绿色发展的科学内涵、价值意蕴和实现路径，对于贯彻落实绿色发展理念具有重要的理论和实践意义。

　　绿色管理不同于"见物不见人"，即把人作为工具、手段的传统管理模式，而是在深刻认识人在社会经济活动中的作用的基础上，突出人在管理中的地位，实现以人为中心的管理。绿色管理的精髓是：点亮人性的光辉，回归生命的价值，共创繁荣和幸福。随着时代的演进，绿色管理在人本管理的基础上扩大其外延，在消费领域注重人性，弱化购买的物质性，强调购买的愉悦感。消费领域的绿色管理强调消费需求的多样性和人性的丰富性，注重消费结构和消费方式的变革与优化。它反对传统消费中对人的本质、人性理解的单一化与片面化，倡导人的物质消费需要和精神消费需要的紧密结合。必须充分重视人多方面的精神文化需要，克服人的"物化"倾向，反对无节制地开发与利用自然资源。

新时代绿色管理的消费既是一种适度消费、有节制的消费，还是一种保持物质与精神之间平衡的消费。本书认为，新时代绿色管理的消费追求消费者幸福，这是社会演进、时代进步的消费必然。新时代绿色管理的消费者幸福有一定的理论和实践意义。本书期冀从新时代绿色管理的消费者幸福研究的特殊性中折射出绿色管理的真实目的，指导绿色管理的战略政策制定和企业战术措施的实施。

本书的选题来源于谢凤华 2008～2010 年主持的省部级课题：中国第 44 批博士后科学基金项目"消费者幸福的本地化量表开发与影响机理研究"、湖南省哲学社会科学基金项目"消费者幸福的理论与实证研究"、湖南省哲学社会科学基金项目"基于消费体验视角的消费者幸福理论和实证研究"、湖南省教育厅优秀青年项目"消费体验视角下消费者幸福量表设计、差异化和影响机理研究"。正是这些课题对本书的资助，才有了消费者幸福研究的最终完成。幸福研究项目成员刘国栋和古家军等对幸福研究持续多年的追踪和探索才有了本书的最终出版。

本书的出版得到浙江财经大学工商管理学院王建明院长主持的研究阐释党的十九届四中全会精神国家社科基金重大项目"数字经济时代完善绿色生产和消费的制度体系和政策工具研究"（项目编号：20ZDA087）、谢凤华主持的浙江省自然科学基金项目"产品伤害危机情境下基于社群营销的企业服务补救对顾客宽恕的影响机理研究"（项目编号：LY22G020009）和国家社科后期资助项目"服务企业服务补救影响机理研究"（项目编号：19FGLB021）的资助，在此一并为谢！

谢凤华　古家军

浙江杭州

目　录

第一章　绪论

第一节　基于绿色管理的消费者幸福研究背景

一、消费者幸福和服务企业绿色管理相得益彰

改革开放以来，我国经济一直处于高速增长阶段。作为拉动经济增长的"三驾马车"之一，消费是最主要的"马车"。2018 年上半年，最终消费支出对 GDP 增长的贡献率为 78.5%，与 2017 年同期相比上升 14.2%[①]。这一事实表明，消费对经济有着巨大的促进作用。那么，如何促进居民日益多样化的消费需求得到满足，同时改善居民的消费观念，优化现有消费结构，进一步提高居民的生活质量呢？值得注意的是，2020 年 12 月 16 日的中央经济工作会议强调，以改善民生为导向扩大消费和有效投资。扩大内需战略被提升到一个新的高度，致力于从消费能力、消费模式、消费形态等方面促进国民经济的发展，进而使民众参与和分享改革发展的成果，即通过促进消费来改善民生，提高居民生活质量。

[①] 参见 http://forex.cngold.org/fxb/c5176920.htm。

追求幸福是人生的最终目的。近年来，随着中国经济的不断发展以及政府对和谐社会理念的倡导，提高人民群众生活品质，让人们生活得更快乐、更幸福成为社会的共识。在现代市场经济条件下，人们已经进入消费社会时代，消费会带来幸福的观念也越来越普遍，消费者都希望能从消费活动中获取最大化的幸福感。但是关于消费与幸福的关系，至今也没有一个明确的答案。一些学者发现消费的满足确实会给消费者带来幸福，但是也有一些学者研究指出，随着消费的增长，人们的幸福水平并没有提高甚至还会有所降低。在这种社会发展和学术研究背景下，开展对消费者幸福方面的研究便兼具学术和实践意义。

那么，什么是幸福？如何才能得到幸福？研究学者从哲学、伦理学、社会学和心理学等不同角度出发，对这一问题进行探讨，并且形成了各自不同的理论和观点。"二战"后，随着人们物质生活水平的提高，现代幸福研究得到了发展，先后形成了社会学意义上的生活质量研究取向和心理学意义上的心理健康研究取向：一方面，由于物质条件的不断积累，研究者强调主观的精神生活水平对于人类生存和社会发展的重大意义，提出"生活质量"的概念，初步建构考察生活质量内容的主观指标体系，从生活质量层面上发展和深化了主观幸福的研究；另一方面，从20世纪50年代中后期开始，由于心理学运动的积极发展，研究的关注点转向了人类自身的生存与发展，开展了心理健康意义上的主观幸福研究。20世纪90年代后，作为生活质量指标的具体生活领域满意感和总体生活满意感，以及被视为心理健康指标的正负性情感反应，越来越多地被作为一个整体来加以考虑，这表明社会学视角与心理学视角的研究呈现出整合的趋势。

可持续发展强调人类社会发展的持续性、稳定性和长期性，要求经济、社会、资源环境的和谐与统一。可持续发展必须有赖于可持续生产和可持续消费。显然，生产和消费关系到每个人的生存和发展，应当被纳入可持续发展战略。绿色管理不仅是生产和消费无污染、无公害、质量好、健美化的产品，而且要保护和培育一个优美的生产和消费的生态环境，协调人与社会、人与自然的关系，从而形成可持续的绿色人本管理。从必须注重生态系统的保护和人与人相互关系的和谐来看，绿色生产、消费和可持续发展在本质上是一致的。人们的生产和消费需要，既有物质需要，又有精神文化需要，还有生态需要。实施绿色管理，发展绿色生态，不仅是满足人们物质需要与文化需要的重要内容，而且是满足人们生态需要极其重要的内容。实施绿色管理，发展绿色生态，还可以促进人与自然的和谐相处，促进生态平衡，更好地满足人的生态需要，实现可持续发展，从根本上提高人们的生产和消费质量。绿色管理体现了可持续发展的经济发展趋势。

二、消费者幸福和服务企业绿色管理任重道远

幸福研究在心理学和教育学研究领域积累了丰富的研究成果，Well-being、Subjective Well-being 和 Happiness 被译为主观幸福或者幸福（为了叙述方便，在不产生歧义的情况下，我们一律通译为幸福），主要指个体依据自己设定的标准对其生活质量所做的整体评价（Diener，1984；Diener and Fujita，1997；王晓武等，2019）。在消费者行为研究领域，我们输入这些检索词后发现，消费者幸福的学术研究暂时还没有引起学者的普遍关注。据不完全统计，1980 年以来，在国际上权威的 JM（Journal of Marketing）、JMR（Journal of Marketing Research）、JCR（Journal of Consumer Research）以及其他的一些重要期刊，如 JCM（Journal of Consumer Marketing）、JS（Journal of Services）、EJM（European Journal of Marketing）等没有刊载相关的研究，但有学者，如 Huffman 和 Kahn（1997）、Lehmann（1998）、Desmeules（2002）、Schwartz 等（2002）、Van Boven（2000）、Cherrier 和 Munoz（2007）、Kahneman 等（1997）、Kahneman（1999）、Hsee 和 Hastie

（2006）、Xu 等（2004）、杨爽和郭昭宇（2018）、卫海英等（2018）已经开始关注消费者幸福。继市场营销的五大营销观念之后，一些学者开始关注幸福这一新元素，并提出了"消费者幸福"营销观念（宁淑惠、张卫东，1999）。这一观念认为：企业营销活动应以消费者获得最大幸福为中心，通过幸福观分析、幸福需求引导、需求满足获取幸福、幸福获取反馈等工作，使消费者实现一定购买力条件下的最大幸福，同时企业也在消费者获取幸福时，实现其营销目标。这些观念的演进既代表着经营者思想的适时调整和营销行为的日渐理性，也代表着消费者日益重视自身价值，趋向本性追求，强调回归自然。随着幸福理论研究的日趋成熟，"幸福学"成为经济学和心理学研究的新方向（奚恺元等，2008）。

现有营销领域度量消费者购买决策结果的变量主要有消费者满意/不满意、消费者忠诚/转移、感知价值/风险等。这些研究变量关注的是消费者心理层面的物质愉悦、消费者与商家利益关系的长久维持，或者消费者效用和风险，而对消费者心理层面的购买体验和精神愉悦关注较少。营销领域一直有学者在不断地探索营销的本质和职能，学者们越来越趋向认同真正的营销应该是一种使消费者愉悦并产生快乐消费决策的活动（Kahneman，1999；Hsee and Hastie，2006；Niedermeier et al.，2019；Xu et al.，2004；王晓武等，2019）。马斯洛需求层次理论也认为，人的需求是一个从低级到高级、从物质到精神的追求和满足过程。那么，什么样的结果是消费者购买的精神追求和满足呢？什么样的结果是让消费者快乐购买的决策结果呢？这一结果是消费者满意、消费者忠诚还是感知价值？显然，这些变量无法真正诠释消费者愉悦的本质。因此，消费者幸福（Consumer Well-being，CWB 或 Consumer Happiness，CH）进入人们的研究视野。

发展经济在很大程度上有助于增加幸福感，但是经济越发展，非物质因素对幸福的影响也越大（奚恺元等，2008）。那么，究竟是哪些非物质因素影响幸福？这一问题派生出三个学术子课题：如何定义和测量幸福？幸福的影响因素到底有哪些？是否存在一个统一的研究范式？学者在仁者见仁、智者见智的同时，却也带来了多元化的幸福观并立与竞争，营销领域当然也不例外。消费者幸福理论研究逐渐成为学者们研究的热点和前沿。然而，在这一领域的经验性描述丰富多彩和研究结论层出不穷的繁荣背后，消费者幸福的规范性研究基本上被忽略了。营销领域没有一个一致认同的消费者幸福界定和测量方法，也没有一个被广泛接受的幸福理论研究范式，基于特定视角的幸福实证研究就更少了。这些成为营销学者迫切需要解决的问题。

有鉴于此，本书基于消费体验这一独特视角，思考了三个问题：第一，能否建立一个能够被广泛接受的理论研究范式，成功挖掘出消费体验过程中消费者幸福的本质、特征及其变化趋势？第二，消费者个体在购买体验幸福上有什么样的差异？第三，在消费体验视角下影响消费者幸福的主导和调节因素究竟有哪些？能否通过理论建模和最优匹配模型的挖掘来洞察其中的影响机理？研究紧紧围绕这三个问题，以和谐消费模式的构建为研究目的，基于手机和汽车购买消费体验过程中的消费感知这一独特视角来探索消费者幸福的测量指标和影响机理。

第二节　基于绿色管理的消费者幸福研究意义

研究消费者幸福有积极的意义。第一，幸福学的研究得到了哲学和心理学等领域的广泛关注，但是营销领域的幸福学研究还没有形成系统性的研究，探索消费体验过程中消费者幸福的本质、特征和变化规律，有利于确定消费者幸福的一般理论研究范式。第二，借鉴现有理论中关于幸福的概念、定义和测量方法，基于现今较少的消费者幸福文献，开发出具有中国特色的消费者幸福量表，这是基础理论性贡献，将丰富消费者幸福理论并推进其发展。消费者幸福研究领域存在许多需要深入探讨的问题，但可供借鉴的资料非常少，我们的研究很紧迫，却面临从"零"开始研究。心理学和教育学领域有关幸福的研究虽然比较丰富，但却不能"拿来"盲目使用，更不可能"直接套用"。吴晶、葛鲁嘉、何思彤（2019）的研究认为，幸福是一个复杂而主观的概念，不同文化对幸福的理解有相当大的不同。幸福研究有浓重的文化色彩，幸福研究必须关涉文化。弘扬优秀传统文化，幸福研究的本土化对幸福研究有重要作用。因此，开发消费者幸福的本地化量表成为我们理论研究的第一步，也是关键一步。第三，基于消费体验视角的消费者幸福研究有利于和谐消费模式的构建和经济的可持续发展；研究有利于商家提高消费者满意度和忠诚度，有利于商家落实有针对性的提高消费质量的措施，有利于提高企业服务管理水平，获取先占和独特优势。特别是在服务制胜、服务经济占主导的时代，消费者幸福的研究对于商家提高和改善服务质量，获取竞争优势有实质性的意义。消费者幸福的研究将告诉企业，企业到底怎么做（How）、做些什么（What），才能让服务的对象（Who）——消费者感受到"幸福"，而不仅仅只是"满意"。有理由相信，一个有了幸福体验和感受的消费者会一如既往地支持企业，成为企业"忠诚"的消费者。

第三节　基于绿色管理的消费者幸福研究内容

本书关注新时代绿色管理的消费者幸福研究，分别从手机消费体验和汽车消费体验的消费者幸福入手，研究内容为：①消费者幸福本土化测量指标体系研究。研究以消费体验为情境探索：揭示消费体验过程中消费者幸福的本质和特征，研究消费体验过程中消费者幸福的一般规律；借鉴住房消费体验的消费者幸福测量量表，以消费体验的购买前、购买中和购买后三个阶段构建基于中国手机和汽车消费的消费者幸福测量指标体系。②消费者幸福的差异化研究。消费者幸福在不同的消费主体上存在差异。这一部分考察消费体验过程中，不同性别、年龄、收入、学历等消费者的幸福差异。③消费者幸福的影响机理研究。消费体验过程中消费者幸福受到消费者个体、服务和产品等因素的共同影响，而消费者幸福是这些因素决定或者影响的结果。这一部分剖析前因变量感知价值、消费情绪、消费环境和物质拥有对消费者幸福的影响，并分析这四个因素对消费者幸福三维度的影响。④手机和汽车消费体验的企业幸福营销市场策略研究。基于中国消费者心理和消费环境研究消费者幸福，这对手机和汽车企业幸福营销的构建具有重要意义。

第二章　基于绿色管理的消费者
幸福相关概念和理论

亚里士多德（Aristotle）的幸福论（Eudaemonism）和边沁（Bentham）的快乐论（Hedonism）是人类对幸福问题的形而上学的哲学思考（冯显德，2005）。幸福真正进入科学的研究视野则是现代才开始的。现代对"幸福"的系统性研究始于"二战"后的西方世界，而经济学对幸福问题的关注则是近二三十年才开始的。

人类对主观幸福的研究开始于20世纪60年代的西方社会。"二战"结束后，在与疾病和贫穷的抗争中，西方国家对疾病控制、收入增长和分配公平等衡量进步的指标非常关注。进入20世纪60年代，随着经济的较快恢复和发展，人类梦寐以求的"丰裕社会"正在变为现实，物质财富得到了极大的丰富，生活质量和人类的存在价值问题受到了空前的关注。在这种氛围中，一场认为经济的发展不能代替社会、政治和家庭个人发展的社会指标运动应运而生。

美国社会学家Ogburn（1935）关于生活质量的社会研究为这场运动准备了学术前提。他对美国经济大萧条时期被选作生活质量标准的社会变量进行了研究，引发了重要的"生活质量的社会指标运动"。随后几年，这场运动从美国蔓延到欧洲。1954年，联合国成立相应的研究委员会，对"生活标准"进行了学术上的界定，使它从单纯的概念体系转变为复合的指标体系。这为这场运动的进一步升级奠定了学术和组织基础，并很快在"二战"后物质丰裕的西方社会迅速传播。

这场运动的逻辑前提是生活标准可以根据人们对幸福和满足度的主观认识来决定，形成了孕育已久的 20 世纪 60 年代的衡量生活标准的社会指标运动。在这场运动中，人们开始避免单纯地用经济增长来衡量生活质量，转而寻找一种能够度量生存状态的主观指标体系，于是幸福成了社会体系运行的一个主要的主观指标（Andrews and Withey，1976；Campbell et al.，1976；Kahneman，1999；Schnebelen and Bruhn，2016；周志民等，2020），这便是主观幸福（Subjective Well-being，SWB）研究的开始。主观幸福被从生活质量上界定为人们对自身生活满意程度的认知评价。这便是边沁影响下的"主观幸福"研究路线的源头。

除了生活质量和生活意义上的 SWB 的研究之外，幸福研究还在心理健康层面上展开。长期而残酷的"二战"带给人们精神上极大的创伤，人类的心理健康问题同物质建设一样突出地呈现在"二战"后千疮百孔的世界上。在这样的现实需要下，心理学把研究的重点放在了心理疾病的诊断和治疗上。随着笼罩在人们心头上的战争阴影的消退，以及社会经济生活各方面的逐步恢复和完善，心理学从对消极心理的研究逐步转向了对幸福等积极心理的探索，开始重视人的心理机能的完善。这与 20 世纪 50 年代末60 年代初西方心理学界出现的初级预防（Primary Prevention）和增进幸福（Wellness Enhancement）两个心理健康运动相融合，便形成了心理幸福（Psychological Well-being，PWB）的研究方向，这就是亚里士多德实现论所代表的"客观幸福"的研究取向。本书研究是从经济学的角度来对幸福进行研究的，所以更为关注主观幸福的研究发展状况。

主观幸福的研究在许多国家，尤其是发达国家，无论是在研究机构、人员配备还是研究方法上，都已经非常成熟，并且积累了许多规律性的认识。从 20 世纪 70 年代起，对主观幸福的研究逐渐进入专门机构研究，像国际生活质量研究协会（International Society for Quality of Life Studies，ISQOL）、欧盟的"欧洲指数调查"（Eurobarometer Survey）、德国的社会政治决策指标系统（SPES）等。

目前，进行主观幸福调查的权威项目是世界价值观调查（World Values Survey，WVS）。WVS 是对世界各国的人们涉及政治、经济、文化、社会生活等方面的价值观进行全面调查的项目。从 1980 年到现在，WVS 已经进行过四次大的世界范围的价值观的调查，其中就包括对中国居民的主观幸福和生活满意度的三次调查。这些调查数据及研究成果都被荷兰鹿特丹伊拉兹马斯大学教授梵浩文（Veenhoven）创建的世界幸福数据库（World Data Base of Happiness）所收集。这个数据库包含了半个世纪以来对各个国家主观幸福研究的大量数据，共分为两类，一类是描述人们有多幸福的分布式（Dispersion）数据，另一类是反映幸福差异的相关性（Correlation）数据。这个数据库追踪世界范围对幸福的研究情况，并每隔几年更新一次，已经成为世界各国学者研究幸福问题的重要数据来源。

在中国，有关 SWB 的研究才刚刚起步，研究人员分散，研究成果较少，还没有形成集中的研究力量。对于目前西方社会的一些研究规律和结论在中国是否适用，是一个非常值得探索的问题。而且，在中国现代化的进程中，研究消费者主观幸福的规律性极富实践意义。

第一节　消费者幸福的基本概念

追求幸福是人类所具有的天赋权利，幸福是人生的最终目的。在市场经济条件下，个人的幸福受到很多因素的影响，市场营销是其中很重要的一个因素。营销活动之所以会对个人幸福产生影响，是因为它在很大程度上直接影响个人消费生活领域的满意度状况，并间接地在其他诸如健康、安全、工作、家庭、休闲等生活领域产生作用。

消费者幸福（Consumer Well-being）的研究正是基于这样一种认识而被众多的学者所关注。近年来，在消费行为和消费心理研究领域的许多国际级期刊上，消费者幸福成为常见的研究主题之一，并且随着顾客满意度（CS）、主观幸福（SWB）、生活质量（Quality of Life, QOL）等与消费者幸福相关的一些心理学研究领域的理论进一步完善，消费者幸福的研究呈现出多视角和多方法的特点。

一、消费者幸福的内涵

在国外学术研究中，学者们经常使用不同的术语来表示消费者幸福这一概念。像消费者幸福（Consumer Well-being）、消费者生活质量（Quality of Consumer Life）、消费者生活满意（Consumer Life Satisfaction）、消费者快乐（Consumer Happiness）、消费者福利（Consumer Welfare）等都出现在与消费者幸福有关的研究文献中。尽管学者们对这些术语存在理解上的差异，但是它们在表示消费者幸福这一概念内涵上并没有本质区别[①]。

目前，消费者幸福（Consumer Well-being）存在很多种定义和解释，但是大多数的概念都基于这样一种认识，即人们消费的初衷是满足需求，从而达到幸福的生活。所以，消费者幸福是消费者对商品和服务满足需求程度的利益感知和情感体验。Kahneman 等（1997）探索了消费者购买中的实际感知效用（Experienced Utility），Kahneman（1999）、Schnebelen 和 Bruhn

---

① Happiness is also referred to within the literature as "subjective well-being, satisfaction, utility, well-being and welfare"（Easterlin，2001：465）.

（2016）在其基础上研究认为，幸福是享乐购买的终极目标。周志民等（2020）、Xu 等（2004）认为，幸福与消费者经济效用紧密相连。Muniz 和 O'Guinn（2001）、Desmeules（2002）在 Day（1987）定义的消费者满意的内涵上进行了延伸，认为消费者幸福是一种消费可能性和消费者体验（Consumption Possibilities and Experiences），或者表达为，消费者在整个消费体验中的主观感受（Consumer's Subjective Evaluation of Its Overall Contact with Marketing）。Hwang 等（2019）、Hsee 和 Hastie（2006）指出，消费者幸福是消费者预期效用（Consumers' Expected Utility）和消费者实际感知效用的差异，是消费者没有实现最大效用水平下的次优选择（Suboptimal Decisions），消费者购买是以幸福为导向的。Sirgy 等（2006）认为，消费需求的满足程度越大，消费者的情感体验越趋于正向和积极。然而，美国学者艾伦·杜宁（1997）认为，幸福与消费满足需求的程度没有必然联系。因此，Sirgy 等（2006）从感知价值的角度对消费者幸福进行了定义，他们认为，消费者幸福是消费者对其各个生活领域（如工作、休闲、家庭）中的各种商品或服务的利益感知。同样，Kim（2015）、Day（1987）指出，消费者幸福是消费者对其各个生活领域的满意度体验。研究认为，消费者幸福是消费者对其消费生活及其他生活领域生活质量的认知性和情感性的总体评价，消费者幸福是在消费过程中消费者的积极情感，是消费个体对消费感受的总体评价。

由上可见，学者们对消费者幸福的概念并没有一个统一的认识。他们是从不同角度和层面对消费者幸福的内涵进行界定的，其中主要有以下三种视角：

（1）借助主观幸福研究成果的消费者幸福定义。很长时间以来，不管是哲学派别，还是宗教世俗都试图通过哲学思辨、宗教诠释或是直观描述的方法来对幸福进行主观或客观的定义，但是这些努力都无法对幸福进行全面的概括和精准的测量。于是，心理学家转而试图从人们内心的主观感受来定义幸福。尽管人们对幸福的理解可能不尽相同，但是这种定义完全是人们对于自身生活状态的情感反映和认知评价，是一种主观的感受（主观幸福），它具有可测可评的特点，因此更容易被人们理解和接受。

当主观幸福的概念被引入与消费有关的研究时，消费者幸福便指向了个体对消费活动的主观性评价与情感性反映。Desmeules（2002）把消费者幸福定义为消费者对其消费活动的一种总体满意度评价和积极/消极的情感反映。因此，消费者幸福是一种整合了高兴与痛苦、欢笑与眼泪、满意与不满意的持续感受（Ahuvia，2002）。这种感受是只与消费生活领域相关联的主观心理反应。

（2）以生活满意理论为指导的消费幸福定义。生活满意度理论认为，满意是分层级的，生活领域的具体活动可以通过自下而上溢出来的形式来影响该领域的生活满意以及整体生活满意。根据这种理论，消费幸福便是人们在消费生活领域的满意状况，消费生活领域的满意源自对消费生活中具体事件和体验的满意。目前，大多数学者（Meadow，2008；Day，1987；Leelakulthanit et al.，1996；Grzeskowiak and Sirgy，2008；Sirgy et al.，2007）都采用这种定义对消费者幸福进行研究。

（3）Zhou 等（2019）、Sirgy 等（2006）认为，特定产品（品牌、服务）会对消费者许多子生活领域（工作、休闲、家庭等）的生活质量（QOL）产生积极影响，消费者幸福就是消费者对这些积极影响的感知程度。

总之，尽管上述定义分别源自不同的理论，但消费者幸福还是反映了以下两个方面的特征：首先，它是消费者的一种主观感受或评价；其次，它是消费者对消费生活领域相关活动的心理体验。

二、与相关概念的区别和联系

在消费行为和心理领域，与消费者幸福相关的概念还有顾客满意度和消费者生活质量等。顾客满意度（CS）是顾客对企业的某种产品或服务的消费所产生的一种主观的心理感受，通常用来反映顾客消费需求的满足状况，它是一种相对短期的不断变化的顾客认知体验。现阶段，顾客满意度研究已经形成比较系统的理论体系，其研究已经模型化和指数化。

目前，比较有代表性的顾客满意度研究模型主要有瑞典顾客满意度指数（SCSB）模型（1989）、美国顾客满意度指数（ACSI）模型（1994）、欧洲顾客满意度指数（ECSI）模型（1998）和中国顾客满意度指数（CCSI）模型（2000）。这些顾客满意度指数模型在理论基础、模型形态、变量关系和指数构造上基本上是相同的。在理论基础上，大部分以顾客满意评价理论为基石，从消费者的角度，以预期→感知→满意→忠诚链为理论框架；在模型形态上，大都采用结构方程模型，综合顾客满意度的原因变量和结果变量，建立结构性的变量关联关系；在变量设定上，顾客感知质量、顾客期望、顾客价值感知、顾客满意、顾客忠诚等结构变量是这几个模型中都有的部分，并且其解释变量也大多具有一致性。美国顾客满意度指数模型如图2-1所示。

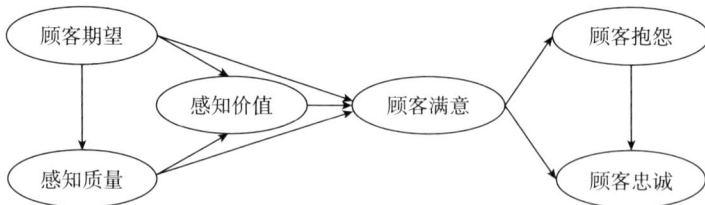

图2-1 美国顾客满意度指数（ACSI）模型

资料来源：Fornell Claes, Michael D. Johnson, Eugene W. Anderson, et al. The American Customer Satisfaction Index: Nature, Purpose and Findings [J]. Journal of Marketing, 1996, 60 (10): 7-18.

消费者生活质量（QOL）则是一个综合性概念，既包括对消费者的物质生活条件的考察，也包括对消费者的精神生活环境的考虑；既关注消费者的个人生活，又指向总的社会需求的满足程度。在学术界对生活质量比较一致的定义是指社会成员生活的好坏与优劣程度。因此，消费者生活质量的测量既包括主观性的指标，如生活满意度、工作满意度等，又包括客观性的测量指标，如生活标准、个人健康状况和收入水平等。

相比之下，消费者幸福（CWB）是一个从消费者满意度和生活质量领域衍生出来的概念，与这两个概念相互联系又有一定区别。消费者幸福也是反映消费者满意状况和心理体验的概念，但是它反映的是消费者在较长一段时间内对其消费生活和其他生活领域稳定的心理体验，这既包括正向情感与负向情感的体验，又包含了消费者对生活满意度的认知体验（见图2-2）。它是比消费者满意度概念更全面，比消费者生活质量概念更主观的一种感受或评价。

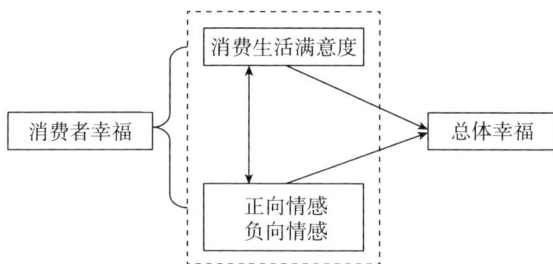

图2-2　消费者幸福的理论框架

资料来源：Rémi Desmeules. The Impact of Variety on Consumer Happiness：Marketing and the Tyranny of Freedom［J］. Academy of Marketing Science，2002（12）：45.

从文献资料来看，大多数学者并没有试图去界定消费者幸福是什么，而是把消费者幸福作为一个结构性的概念从不同的层面进行研究。他们基于不同的思路和理论指导，对消费者幸福进行了探索性的研究。

目前关于消费者幸福的研究主要集中在实证方面，即主要通过建立变量之间的关系，用数据统计来检验所建立的关系模型的正确性。Sirgy 等（1998）重点研究了一些微观变量（如消费体验活动、各生活领域需求满足状况等）与消费者幸福的相关性，而有的学者则研究环境因素、营销策略、文化伦理等因素对消费者幸福的影响。具体验证模型如图 2-3 所示。

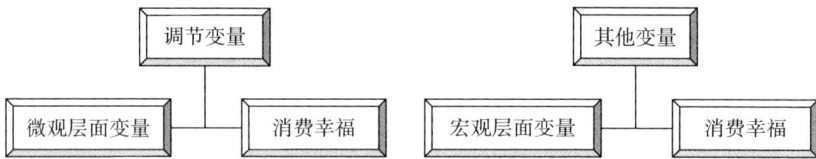

图 2-3　消费者幸福的主要研究范式

从研究范式可以看出，学者们主要基于两种不同的视角来研究消费者幸福和一些因素的关系：一是微观层面针对消费者个体的研究视角；二是宏观层面针对总体的研究视角。基于这两种不同的视角，消费者幸福的内涵得到了进一步发展。

三、微观层面的消费者幸福研究

把消费者作为单独存在的个体，通过测量消费体验活动、需求满足状况以及个人特质等微观变量对消费者幸福的影响程度是学者们研究的主要思路之一。

在早期研究中，学者们选取了单一的微观变量测量消费者幸福。Han 等（2019）、Nakano 等（1995）针对物质拥有（房屋、汽车、家具等）情况进行了消费者幸福研究；Meadow（2008）以零售机构为研究对象，拓展了消费者幸福研究思路。后来，Day（1987）以及 Leelakulthanit 等（1991）又扩大了研究的范围，他们对产品和服务的获取和拥有这两个阶段的体验活动都进行了幸福测量。尽管研究的范围有所扩大，但是 Schnebelen 和 Bruhn（2018）、Lee 等（2002）还是认为，单因素或双因素变量是不足以全面概括和精准测量消费者幸福的，因此提出了购买、拥有、使用、维护和处置的五维度模型；后来 Carola 和 Tim（2018）、Grzeskowiak 等（2006）又进一步修正和扩展了这个模型，添加了准备阶段这一维度。

也有学者借助具体消费对象来研究产品特性和功能对消费者幸福的影响。Marcos 等（2019）、Sirgy 和 Lee Dong－Jin 等（2006）、Sirgy 和 Lee 等（2007）分别以汽车、手机、因特网为对象，分析了消费者在生活各个领域的需求满足和感知价值与消费者幸福之间的关系。

另外，朱翊敏（2019）、Belk（1985）、Schwartz 等（2002）还对消费者消费倾向（偏好）进行了研究，发现消费者的幸福水平会受到个人消费偏好（物质主义观念、最优化观念）的影响。

总之，围绕与消费者体验有关的活动和事物进行消费者幸福研究是学者们的一种主要视角，并且大部分研究都将消费者幸福作为因变量，通过探讨与消费者息息相关的一些事物来找出决定消费者幸福大小的前因变量。另外，还有一小部分学者将消费幸福作为自变量，探索消费幸福与消费者忠诚或是生活满意度之间的关系。

四、宏观层面的消费者幸福研究

在宏观研究层面，学者们主要把消费者幸福作为一种社会福利现象进行研究。此时学者们并没有具体区别与消费者息息相关的活动或事物，而是把消费者作为一个整体，强调实现消费者社会福利和提高消费者的生活质量。

市场营销会影响消费者生活质量，是因为市场营销直接影响消费体验，并且间接影响消费者的其他生活领域（Day，1987；Leelakulthanit，1991；

Lee et al.，2002；Sirgy and Cornwell，2001；Wasko and Faraj，2005；王佳，2018）。因此，宏观层面上的消费者幸福研究主要立足市场营销的作用、市场文化环境等视角。

Tsuruta 等（2019）认为，营销组合策略、多样化策略、大规模定制策略以及体验营销策略都会影响人们的消费可能性和消费体验。例如，渠道策略会影响产品的可获得性，而像在线销售这种新渠道的兴起提高了便利性和体验性，因而会影响消费者幸福。在多样化策略方面，市场营销者希望提供种类繁多的商品供消费者选择以满足多样化的需求，但是从消费者角度来讲，多样化策略使他们沮丧，因为消费者面临很多选择时往往不知所措或无论做出何种选择都会后悔。从宏观市场体系来讲，这种多样化策略和广告宣传一样，也会造成物质主义价值观的泛滥和消费资源的浪费。因此，市场营销在宏观层面上的作用越来越受到学者的关注。

联合国开发计划署（UNDP）研究了国家层面上的产品和服务的消费问题，富国消费太多而穷国消费太少，这就造成全球消费资源的分布不公和消费者需求满足状况的差异。因此，宏观市场营销体系应该关注消费公平所带来的消费者幸福。

Sirgy 等（2004）、Hwang 等（2019）从全球化的角度对消费者幸福进行了研究，他们描述了商品、服务、资本、科技和人才的流入和流出等方面的全球化现象，以此总结了全球化对一国消费者幸福水平的影响。

在市场营销层面的研究中，消费者幸福主要被当作一种绩效指标进行研究，它可以反映市场营销的效果，也可以反映市场体系的一些问题。

正是因为研究视角的不同，消费者幸福才被赋予了更多的内涵。从宏观层面考虑，市场营销者和政策制定者应该把消费者幸福作为一项价值观念来指导决策；从微观层面考虑，消费者应该选择那些能够带给自己幸福和利益的消费行为。

第二节 消费者幸福研究的理论流派

在人类的思想文化史上,对幸福的追问主要形成两大理论流派:一派是"实现论",另一派是"快乐论"。前者以古希腊大思想家亚里士多德为代表,后者以英国功利主义创始人边沁为代表。

一、实现论

亚里士多德(公元前 384~公元前 322 年)的伦理学通常被称为幸福论(Eudaemonism)或自我实现论(Self-realizationism)。亚里士多德在他的伦理学名著《尼各马可伦理学》第一卷提出"作为一种性质的善"和"作为一种关系的善"两种"善"。后者是作为手段的善,被叫作"有用",即休谟所说的"Utility"(效用)。前者是事物内在的优良属性,是"因其自身而善的善"。现代经济学的"善"(Goods)往往是作为手段的善,是"为达到自身善而善"。亚里士多德认为,人类所寻找的"至善"(Supreme good),即"可达到的最高善",也就是"幸福"。幸福因其本身的善而成为幸福,是"一切善的事物的始点和本原"。

亚里士多德的伦理学或政治学都非常重视对实践或实现活动的研究。在《尼各马可伦理学》第一卷中,亚里士多德把人的"善"放在人的功能(即区别于动物的理性活动)中加以研究。他认为"幸福是灵魂的一种合乎德性的现实活动",是人类理性功能的体现。快乐必须在理性的控制下达到适中的程度,才能称之为幸福。人应该通过自己的具体行动去追求一个终极或完满的善。

尽管亚里士多德一再强调德性和善在幸福中的重要性,但他并没有忽视作为生命基本功能的快乐和痛苦的存在。他认为，"伦理德性就是关涉到快乐和痛苦的德性"，人类的"一切行为和情感都伴随着快乐和痛苦"，所以"我们总是以快乐和痛苦来调节我们的行为"。

亚里士多德的幸福观中包含快乐，他认为人们是从享乐中引申出福祉、至善等概念的，但同时他也认为快乐不一定是最高的善。快乐和痛苦贯穿于人生命的整个过程，并对德性和幸福的生活发生影响和作用。在具体境遇中，要以最好的方式行动，不温不火，掌握中庸之道，合乎规律行动，与困难做斗争会增长我们的德性，困难越大，德性增长越大，对快乐和痛苦的正确处理才是善。这些论述使亚里士多德的幸福论（Eudaemonism）与边沁的快乐论得以沟通，亚里士多德的幸福论实质上是建立在苦乐基础上的德性实践活动。亚里士多德强调幸福是人的一种完善自己的活动，因而他的幸福论又被称为完善论（Perfectionism）。他强调，人应该通过自己合乎德性的具体行动去追求一个终极或完满的善，即至善，也即幸福。在奋斗中使自己的功能得以最充分的发挥和展示，这就是幸福。

亚里士多德强调实践活动的完善主义幸福论对于现代幸福研究产生了重要影响，形成了"客观（Objective）幸福"的研究路线。这一方向的研究者认为，幸福是通过实践或实现一个人的自我或真我来达到的，幸福在于人潜能的实现（Ryan and DeCi，2001；Ryff and Keyes，1995；Hwang et al.，2019）。这一派学者注重人的心理功能的完善，重视积极的自尊、社会服务、生活目的、友好关系等普遍价值的塑造，认为幸福是从享乐主义狭隘的注重感官愉悦到更为广泛的自我发展和社会参与的过程。

二、快乐论

相比亚里士多德的实现论，功利主义者边沁（1748-1832）所说的幸福则要直观一些。他的幸福论又称"快乐论"（Hedonism），是建立在人的苦乐感受基础上的伦理原则。

边沁（1982）最著名的口号是：所有人的效用之和的最大化是制定社会政策的基础，任何社会政策的制定应当最大化所有人的最大幸福。他认为，人是自然界的产物。人的本性都是追求快乐，逃避痛苦，这是大自然赋予人的自然本能。"自然将人置于快乐和痛苦两大主宰之下，由此决定我们该做什么，将做什么。……快乐和痛苦的宝座两边，一边拴着是非标准，一边拴着因果链条。"边沁关于人的趋乐避苦的观点，继承了西欧从古希腊以来的快乐主义幸福论的传统，如古希腊的昔兰尼学派认为，"所有的生物都对快乐感到舒适，对痛苦表示厌恶"。这种快乐主义在经过中世纪的长眠和文艺复兴运动的复苏之后，在17世纪英国的霍布斯、洛克和18世纪法国启蒙哲学家埃尔维修、霍尔巴赫等人那里，又以比较完备和比较系统的形式获得再生。边沁在先辈的理论基础上，又有了进一步的创新。

边沁的功利主义（Utilitarianism）幸福说有一个重要的创见，就是采用数量的方法对苦乐加以计算，根据比较苦乐的多少和价值的大小，从而产生人们行为选择的善恶标准。他提出，在精确地计算苦乐之前，要区分苦乐的七种不同性质：①苦乐的强度（Intensity）；②苦乐的久暂性（Duration）；③苦乐的确定程度（Certainty）；④苦乐的远近性（Propinquity）；⑤苦乐的丰度（Feeundity）；⑥苦乐的纯度（Purity）；⑦苦乐的广度（Extent）。在计算方法上，他提出六项原则：①计算由最初行为产生的明确可辨的每一个快乐的价值；②计算由最初行为产生的明确可辨的每一个痛苦的价值；③计算由最初行为产生的快乐之后所产生的每一个快乐的价值，这是构成最初快乐的继生性和最初痛苦的混杂性；④计算由最初行为产生的痛苦之后所产生的每一个痛苦的价值，这是构成最初痛苦的继生性和最初快乐的混杂性；⑤对于个人而言，加总所有的快乐和所有的痛苦，两者相比较，快乐多于痛苦，即为幸福，否则为痛苦；⑥对于社会而言，首先要对社会中的每一个成员的苦乐进行计算，其次统计快乐多的人数和痛苦多的人数，若前者多于后者，社会选择就是提高福扯，否则就是降低福祉。经过这番计算之后，人们就会发现苦乐价值的大小，从而会去追求那些强度大的、长时间的、确切的、较近的、能增长的快乐，获得最大的幸福。

边沁对苦乐计算的最终目的是引出自己的功利主义原则，即"最大多数人的最大幸福"，并企图将之应用于社会和政治问题的求解，但由于当时的历史条件，边沁的功利主义没有在"幸福计算"的操作性层面上走得更远，当时的人们（包括其狂热信徒）也将其"幸福计算"当作不切实际的"笑谈"，使边沁的政治抱负无法付诸实践。但是边沁对效用或幸福基数测量的深刻分析，从对个人苦乐价值的计算到社会总体福祉最大的思想，在西方伦理思想史和政治思想史上都有十分重要的作用。

第三节　消费者幸福的测量

从消费者幸福的内涵研究可以看出，尽管学者们也试图对消费者幸福这一概念进行确定性和规范性的描述，但是由于学者们研究目的、研究视角以及研究方法的不同，对消费者幸福并没有形成一个统一的认识。因此，就目前研究来说，消费者幸福就像一个"黑匣子"一样，其外部影响因素和内部作用机理并不清晰明确，明确的只是真实存在的消费者幸福与否的感受。鉴于这种情况，消费者幸福的测量主要从个人主观感受入手，通过消费者自我报告的方法来确定其幸福状况。

在目前的学术研究中，学者们多采用自我报告法中的生活满意度量表进行测量。在测量题项的选择上，有的学者选择了单项量表，有的学者选择了多项量表（见表2-1）。

表 2-1　自陈法中用来测量消费者幸福的两种量表

名称	代表学者	量表点数	问题
单项量表	Cherrier 和 Munoz（2007）	十级量表	总的来说你觉得你的生活怎么样？
	Lee 等（2002）、Tsuruta 等（2019）	D-T 七级量表	
	Sirgy 等（2006）、Schmitt 等（2015）	D-T 七级量表	
多项量表	Nakano 等（1995）	双问题量表	你觉得自己的生活水平怎么样——例如对房子、车子、家具等的拥有情况？
	Sirgy 等（2007）、Schnebelen 和 Bruhn（2016）	四题五级量表	
	Grzeskowiak 和 Sirgy（2008）	四题七级量表	你觉得自己物质需求满足的程度怎么样？

资料来源：根据相关文献整理。

单项量表主要是通过提问一个问题测量被试者的消费幸福，而多项量表主要是采用多个问题测量被试者的幸福情况。这两种测量方法各有优缺点，虽然多项量表包含了许多问题，看似牢靠得多，但是单项量表的信度和效度都是可以接受的。因此，在一般情况下，可以放心地使用单项量表对消费者幸福进行测量。

另外，还有其他测量消费者幸福的方法，如观察者/知情者报告法、生理测量法等，这些方法要么是成本较高，要么是不易操作，因此使自我报告法被普遍接受。

消费者幸福的研究视角存在很大差别，因此关于消费者幸福的测量方法至今还没有一个统一的标准（顾客满意度的指数化测量已经标准化）。但是，从消费者幸福的理论诞生以来，围绕消费者幸福测量进行的研究从未间断过，其中形成了诸多可供借鉴的研究理论。

一、幸福（满意）层级理论

Diener（1984）、Lee 等（2002）、邹璐等（2021）认为，满意是分层级的，并且消费者对某个生活领域的具体事件的积极情感与消极情感会从具体生活领域（如工作、休闲、家庭、社交、爱情生活等）逐渐扩展到总体生活领域（见图2-4）。根据这种认识，很多学者都开发了相应的测量模型，并将其描述为幸福（满意）自下而上溢出模型。

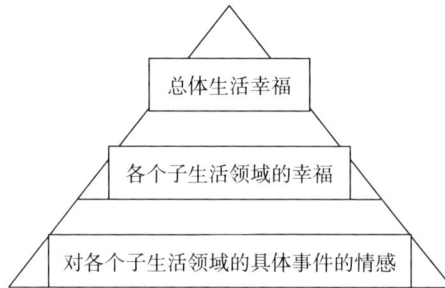

图 2-4　幸福（满意）层级

资料来源：Dong-Jin Lee, M. Joseph Sirgy, Val Larsen, et al. Developing a Subjective Measure of Consumer Well-Being［J］. Journal of Macromarketing, 2002, 22（2）：159.

自下而上溢出理论的核心是一个生活领域的具体活动是通过逐级延伸的形式来影响整个生活满意度的（Diener, 1984；Sirgy et al., 2000）。根据这一理论，学者们认为，消费过程中具体的事件和活动会对消费满意（幸福）产生影响，同样消费生活领域作为消费者生活的一个主要方面，其在此领域获得的满意（幸福），将直接影响消费者总体生活的满意度。因此，消费者幸福越高，其生活满意度也就相应地越高。

在实际应用方面，很多学者都采用自下而上溢出模型对消费者幸福进行研究。例如，Majumdar对加尔各答居民的一项研究表明，居民在物质财富、家庭生活、自我发展和当地政府政策等方面的满意度通过影响不同层面的生活满意状况对其总体生活满意度有显著影响。Sirgy 等（1998）、Sirgy等（2007）、Schmitt 等（2015）还利用此模型研究了医疗保健对生活满意度的溢出影响作用。

二、消费体验过程理论

消费活动是人们获得幸福以及其他积极情绪（情感）体验的一种手段和途径，消费过程是消费者获得各种情绪（情感）体验的过程（冯鸿滔、李素珍，2009）。据此理解，Sirgy（2008）、Sirgy 和 Lee（2003）结合消费者的市场体验理论，开发了消费体验过程模型。他们认为消费者的消费体验如获取（或购买商品和服务）、拥有（产品所有权）、消费（使用商品和服务）、维护（耐用品的维修和保养）、处理（耐用品的出售、转卖、报废等）等都会影响消费者的幸福水平。因此，他们提出了消费者体验—处置模型，并通过对购买、拥有、消费、维护和处置五个阶段的消费体验进行具体测量验证了模型的有效性。

关于获取满意度，Sirgy 和 Lee 等把它定义为与消费者购买商品和服务有关活动的满意度。具体地说，在获取阶段主要有质量、价格、时间、商店服务水平等影响因素。

在拥有满意度方面，Sirgy 和 Lee 等主要关注拥有某些消费品会在何种程度上影响消费者的生活质量。拥有满意度被认为是消费品所有权带来的满意。

在使用（消费）幸福方面，Sirgy 和 Lee 等把它定义为消费者使用商品或服务时所产生的满足感。消费满意与拥有满意密切相关却又有明显区别，不同之处在于拥有满意度主要关心的是所有权本身所带来的积极影响，而消费满意度则把重点放在了消费者在实际使用或消费产品时所产生的满足感。

至于维护满意度，Sirgy 和 Lee 等把它定义为消费者在寻求对其所有物进行维护保养或清理时体验到的满足感。他们把维护满意度划分为两个主要方面：①对社区服务供应商提供的维护修理满意；②所有者自主维修产生的满意（如自助式修理）。并且在测量时，他们确定了影响生活质量的九个方面的维护服务因素，如维护和修理便利性、价格、服务提供者的诚信等。

另外，关于处理满意度，他们把它定义为消费者在处理其产品时所感觉到的满足程度。主要有处理的方便性、难易程度和处理时是否环保等具体测量项目。

消费体验过程理论是把消费活动划分为几个不同的阶段，通过对不同阶段内的影响因素进行测量来研究消费者幸福水平。在特定研究中，Grzes-kowiak 等（2006）研究了购买住房与幸福之间的关系，他们把家庭居民对住房的消费分为购房、入住、维护、所有和转卖等几个环节，并通过对 193 位美国住户和 285 户韩国居民采样验证了这几个维度的理论效度。同样，Lee 等（2002）通过对 298 名大学生进行问卷调查得出，获取、拥有、消费三个维度能够有效预测消费者幸福。

三、需求满足理论

根据马斯洛需求层次理论（Maslow，1954），人的需要是广泛的，具体可以归结为两类，即高级的需要和低层次的需要。高级的需要包括自我实现、尊重、求知和审美的需要，低层次的需要包括生理、安全和社交的需要，而消费者需求满足状况就体现为消费者幸福水平。因此，需求满足理论认为，就某一特定商品而言，消费者幸福在一定程度上是由该商品能够满足消费者在各个生活领域（如工作、休闲、家庭）的需求状况所决定的。某一商品对消费者各种需求的满足程度越大，消费者幸福就越大。

以汽车消费为例，汽车能够全面满足消费者在安全、经济、家庭、社交、自尊、知识和美等方面的需求，因此汽车消费能够带来消费幸福。具体来说，汽车的设计特征、维修和保养服务、保险政策和代理服务等会满足消费者在工作、休闲、家庭等各个生活领域的不同需求（安全、尊重、经济等），因此消费者会体验到汽车消费所带来的利益和价值。Sirgy 等（2006）、周志民等（2020）就对此进行了研究。

总之，在消费者幸福的理论研究方面，学者们是通过借鉴营销学、消费行为学以及心理学研究领域的不同成果，对消费者幸福进行理论假设和检验的。满意层级理论、消费体验过程理论以及需求满足理论三个理论模型具备了一定的理论基础和实践验证，所以目前被大多数学者接受和应用。

第四节　消费者幸福的影响因素

无论哪一门科学，其宗旨总是试图揭示特定研究对象与其他各个相关因素之间的关系。因此，作为一个结构性的概念，消费者幸福的影响因素研究也是众多学者的兴趣所在。

Samli（2003）、曹瑞等（2013）研究了消费者价格指数（CPI）对消费者福利和幸福的体现关系。他们认为，物价指数在评价穷人和富人的福利方面并不具有公平性。消费者购买的商品和服务的价格上涨会加剧穷人的经济负担，因而对穷人的消费幸福影响更严重。另外还有学者认为，消费品和服务的质量（可靠性、耐用性和安全性）是影响消费者幸福的主要因素。在这些研究的基础上，Pancer 和 Handelman（2012）将影响消费者幸福的因素分为了两种视角：一个是客观物质条件，另一个是主观心理特征。这两个视角并不是彼此孤立的，而是相互关联的。在实际操作中，众多学者也是从这两个维度着手进行研究的。

一、物质环境对消费者幸福的影响研究

消费的主要目的是购买商品和服务以满足自己的所需所欲，因此与消

费活动相联系的一切事物都会影响到消费者的幸福水平，如消费环境、消费对象等。

Meadow（2008）收集了249位老年消费者对食品、住房、家具、服饰、个人护理、医疗、娱乐、交通等消费满意度的数据，借以考察当地商品和服务零售机构与消费者幸福之间的关系。

国内学者陈惠雄（2005）根据快乐（幸福）产生原因的主体客观性与满足主体快乐的对象客观性的理论，提出影响快乐（幸福）的因子有健康、亲情、收入、职业环境、社会环境和自然环境。他认为绝大多数人都能够从优质的食物、洁净的环境、宽敞的居所等这些对象与状态中感受到快乐（幸福）。

Sirgy等（1998）、Nakano等（1995）、Niedermeier等（2019）以物质财富的拥有满意度为研究对象，通过向消费者询问他们对住房、汽车、家具、娱乐等一系列项目的拥有满意度状况来测量消费者幸福。通过调查和实证研究发现，个人对物质拥有方面的满足感会带来总体生活满意或幸福。

Day（1987）、Leelakulthanit等（1991）、王晓武等（2019）则对当地商店的商品种类、质量、价格，商店的吸引力程度，店员服务水平和态度，商店售后服务质量四个方面进行了消费者幸福研究。按照他们的研究思路，Sirgy等（2006）、Sirgy和Cornwell（2001）提出，消费幸福是消费者对其当地各种商品零售和服务机构满意度的直接体现。他们对诸如金融保险服务、交通通信服务、餐饮娱乐服务、医疗保健服务、家居维修服务、媒体服务、法律服务等社区各种消费环境和消费对象进行了研究，研究结果证明：本地区商品或服务的环境条件对消费者幸福产生正向影响。

另外，在服务消费方面，Neal等（2004）对旅游服务进行了研究。他们收集了815名旅游者的旅行资料，考察了行前服务、在途服务、目的地服务和回程服务与旅行者满意度之间的关系，结果也表明旅行者的满意度状况对其生活质量有影响作用。

总之，通过对现有文献的研究总结发现，学者们对消费者幸福研究的一个重要方面是与消费环境和消费对象有关的事物。尽管学者们以不同的物质条件为研究对象，但是他们的实证研究结论仍具有一致性，即许多消费对象和环境条件都会影响消费者幸福。

二、个体特征对消费者幸福的影响研究

Andrews 和 Withey（2012）研究发现，在实际生活中，99%以上的人对生活的评价都是主观的。Diener（1984）把幸福定义为个人对生活的积极情感和认知评价。从这个角度上来理解，不同性格的消费者会对消费幸福做出不同的评价。消费者幸福还受到诸如消费观念、消费态度等消费者个人心理特征的影响。

Belk（1985）、Richin 和 Dawson（1992）、卫海英等（2018）研究了物质主义消费观念的影响。Belk（1985）提出物质主义是一种涉及嫉妒、小气以及当丢失某些财富时所表现出长期的焦虑等行为的个人情感特征；Richin 和 Dawson（1992）则从认知的角度提出，物质主义主要是消费者的一种生活信念和态度。尽管学者们对物质主义消费观念的定义有所区别，但是 Belk、Richins 和 Dawson 对物质主义消费观和生活幸福（满意）之间关系的研究结果却是一致的，即物质主义消费观念与消费者幸福之间存在负相关关系。

另外，Sirgy 等（1998）、杨爽和郭昭宇（2018）也提出了关于物质主义与消费幸福（满意）之间关系的假设。他们认为，那些更喜欢追求物质财富（具有物质主义的观念）的人对现状不会感到满足，其满意度状况更易受物质占有的强烈程度的影响。

同样地，Schwartz 等（2002）对寻求满意解决（Satisficing）和寻求最优化（Maximizing）解决方案这两种类型的消费行为进行了研究。他们发现，具有最优化消费观念的消费者的幸福水平比寻求满意解决者的幸福水平要低。

在消费态度研究上，Peterson 和 Ekic（2007）根据 Gaski 和 Etzel（1986）开发的消费者营销情绪指数，提出消费者的态度能够有效地反映消费者的幸福状况。他们的逻辑是，消费者对营销活动的积极情绪可以作为市场营销体系在传递消费者福利方面的一种积极信号，至少可以表现为在购买商品和服务方面的积极信号，反之亦然。为了检验假设，他们在土耳其进行了数据收集的工作，调查结果对他们的假设提供了有效支持。但是关于消费者积极的营销情绪是如何给消费者带来幸福的这一作用机理还需要进一步研究。

此外，Bearden 和 Wilder（2007）还研究了人口统计变量与消费者幸福的关系。他们把教育、性别、健康状况等作为控制变量，研究了退休消费者的婚姻与收入分配、收入分配与幸福的关系。结果证明，退休消费者的总体幸福与消费者的收入和婚姻状况有显著关系。

可见，消费者的个人收入、消费观念、消费态度等个体特征在一定程度上都会影响消费者幸福水平。

三、其他影响消费者幸福的因素研究

消费是一个涵盖很广的概念，而幸福又与很多因素有关，单纯从消费者个体特征和消费情形考虑都不足以包括所有的影响消费幸福的因素。因此，有的学者还从其他方面研究了消费者幸福的影响因素。

联合国开发计划署（UNDP）从消费公平的角度对全球消费者的幸福水平进行了研究。UNDP 根据各国的国民生产总值把全世界上的国家划分成最富裕国家、中等国家以及最贫穷国家三类来比较它们总体消费支出情况。其数据研究结果显示，世界上比较富裕的国家的消费总量占到所有国家总

体消费支出的85%，这意味着在全球商品消费中富国消费太多而穷国消费太少，而这种消费的不公平造成人的消费需求的满足状况存在很大差异，因而会影响全世界人民的生活质量和幸福状况。

Sirgy 等（2004）研究了全球化现象对消费幸福的影响。他认为，商品、服务、资本、科技和人才的全球化趋势降低了商品价格，提高了产品质量，增加了消费者的购买水平和消费选择，因而提高了消费者幸福水平和国家生活质量。

Lee 和 Sirgy（1999）从社会文化的角度研究了国际市场营销活动与幸福的关系。他们认为，经营者的道德伦理观念和民族主义观念决定了企业的营销活动，而营销活动对顾客生活质量有直接的影响作用。因此，经营者的道德伦理和民族主义会影响消费者的幸福水平，这种情况在跨国经营中尤为显著。Lee 和 Sirgy（1999）分别比较了韩国与美国企业的职业经理人的道德伦理和民族主义，他们发现，营销伦理和民族主义会对一个国家消费者的生活质量和幸福水平产生影响（见表2-2）。

表2-2　消费者幸福的影响因素研究总结

研究视角		代表学者	研究结论
物质环境	消费对象	Sirgy 等（1998）、Nakano 和 MacDonald（1995）	物质拥有带来消费者幸福
	消费环境	Sirgy（2006）、Carola 和 Tim（2018）、Sirgy 和 Cornwell（2001）、Day（1987）、Leelakulthanit 等（1991）	商店、社区等消费环境与消费者幸福有正相关性
个体特征	收入、婚姻	Bearden 和 Wilder（2007）	不同的消费者收入和婚姻状况在消费者幸福方面存在显著差异
	消费观念	Belk（1985）、Richins 和 Dawson（1992）、Schwartz 等（2002）	物质主义消费观和生活幸福有显著负相关关系； 寻求最优化方案者的幸福水平比寻求满意解决者的幸福水平要低
	消费态度	Peterson 和 Ekic（2007）、吕明军和梁文光（2014）	消费者的态度能够有效反映消费者的幸福状况

研究视角		代表学者	研究结论
其他	消费公平	Hill 和 Felice（2007）	高水平的消费意味着较高的消费者幸福水平
	全球化	Sirgy 等（2004）、Li 等（2014）	全球化对一国消费者的幸福水平有影响作用
	社会文化	Lee 和 Sirgy（1999）、Son（2016）	营销伦理和民族主义会影响一国消费者幸福水平

资料来源：根据相关文献整理。

通过对影响消费者幸福的影响因素进行分析可以看出，学者们主要是从与消费有关的事物、消费者个体特征以及宏观层面上的社会经济文化三个方面对消费者幸福进行研究的（见表 2-2）。不管是客观社会环境因素还是主观的个人因素，不论是微观个体层面还是宏观社会层面的因素，其在一定程度上都对消费者幸福产生了影响。

第五节　消费者幸福的实证研究模型

一、消费者幸福的研究模型

消费者幸福的概念和测量模型各式各样，其中主要有生活成本模型、消费公平模型、消费者抱怨模型、质量模型、购物满意度模型、拥有满意度模型、获取/占有满意度模型、消费者/产品生命周期模型、社区模型、需求满意度模型、感知价值模型、自下而上外溢模型、经营者导向模型、物质主义模型、全球化模型、多因素测量模型。

1. 生活成本模型

价格的不断变化会对消费者购买商品和服务产生很大影响。消费价格指数就是对一段时间内的生活成本变化进行测量。具体而言，消费价格指数是测量一段时间内一国的商品和服务的价格水平变化的相对数。支撑消费价格指数的理论基础是在一定的生活质量水平上，消费者购买的商品和服务的价格上涨会导致消费者购买能力的下降，即价格上涨会使消费者无力购买其所需的商品和服务。

2. 消费公平模型

为了确认和测量满足人们基本需求的商品和服务在各国分配的公平性，联合国开发计划署（UNDP）每年都使用许多指标和数据对世界各国和地区的消费状况进行比较。例如，UNDP 的生活质量研究者从人们基本需求的满足程度出发对生活质量进行了定义。他们认为，人的全面发展不仅要考虑基本需要的满足，而且要考虑基本需要在满足不同人口群体时的公平性问题。UNDP 的研究人员认为，各国应根据总消费支出与人口规模成比例的函数关系来努力增加或减少商品和服务的消费以满足其基本所需。因此，相对于人口规模来说消费太多的国家应该降低其消费率，而消费太少的国家应该提高其消费率。只有实现商品和服务的相对公平消费，才意味着人的全面发展和生活质量的提高。

UNDP 在消费公平概念的基础上开发了一种叫总体消费支出指数的测量方法。总体消费支出指数的测量项目包括汽车、纸制品、通信、电器、食物热量、肉类、鱼类和谷物等。因此，一个国家的消费支出指数是对所有类别消费开支的总体反映。

3. 消费者抱怨模型

美国商业改进局（Better Business Bureau，BBB）根据消费者投诉资料开发了一种测量消费者幸福的方法。BBB 专门接受来自美国各个地区消费者的投诉电话和信件，并对与一家公司的产品和服务相关的任何问题进行投诉登记。在 BBB，任何投诉资料都与公司名称相对应，消费者对任何一家特定的公司或品牌的投诉都会通过各地的 BBB 分局汇总。消费者在购买某家公司的商品和服务之前，可以先打电话向当地 BBB 办公室（或通过网络数据库）查询这家公司是否在品牌或是其他方面有不良记录。据统计，消费者主要的投诉类别包括互联网活动、家庭购物、互联网服务、彩票、外汇供应、贷款服务、电话服务等。对某个具体的公司或是品牌来说，消费者对它们的高度抱怨代表较低的消费者幸福水平。

4. 质量模型

质量模型认为高质量的消费品和服务是消费者幸福的主要影响因素。一本由消费者联盟出版的月刊杂志——《消费者报告》提供了专家对各种各样的商品或服务质量的评估结果，专家对商品质量进行评估的常见内容包括产品的可靠性、耐用性和安全性，存在故障或不安全产品会对消费者幸福有负面影响。此外，拥有者的满意度是评估产品质量的另一个标准。

5. 购物满意度模型

Meadow（2008）总结了一种消费者幸福测量方法——消费者全面满意度复合模型，测量结果主要是根据消费者对食品、住房、家具、服饰、个人护理、医疗、娱乐、交通、教育等项目的消费和购买时的体验。关于模型的理论假设是，如果各个零售商提供的商品和服务能够使消费者满意，那么消费者幸福就较高。作者以 249 位老年消费者作为样本，证明了生活满意度（或主观生活质量）可以通过消费者对当地的零售机构的满意状况来进行预测。

6. 拥有满意度模型

Sirgy 等（1998）把研究的重点放在了消费者群体对物质财富拥有的心理体验上，他们一致假定个人对物质拥有方面的满足感会使其对总体生活感到满意。进一步假设，是否具有物质主义的观念会对一个人的生活满意程度产生作用（如与所有权相关的情感强烈程度）。具体来说，就是财富在影响整体生活满意度方面对物质主义追求者的影响更为强烈。此外，学者们还假定对物质占有的强烈程度也会影响满意程度的大小，即那些更喜欢追求物质财富的人可能对现状不会感到满足，因为他们的期望太高。在实证方面，该模型的检验主要是通过对 300 名高校学生的调查完成的，结果同样支持该模型的假设。

同样，Nakano 等在 1995 年对消费者在物质财富和生活水平方面的整体满意度情况进行了调查。因为是对消费者大部分的社会化活动进行调查，所以为了确保数据的准确，研究采用了单因素重复测量法来测量 CWB。测量内容包括：①你对自己的生活水平感觉如何，如你的住房、汽车、家具、娱乐等？②你觉得这些东西对你的物质需要的满足程度如何？像这样一系列测量项目的组合就构成了 CWB 的内涵。总之，消费者幸福是用来描述消费者对耐用消费品和其他物质财富拥有方面的满意程度的。

7. 获取/占有满意度模型

Day（1987）、Leelakulthanit 等（1991）、Tsuruta 等（2019）把 CWB 定义为消费者对获取和占有商品和服务的满意度。获取满意度是指消费者对其在购买商品及服务时所体验到的满意程度，而拥有维度的满意是指一种对物质财富所有权带来的满足感。获取满意度主要包括四个层面：①对当地商店的商品种类、质量、价格等是否满意；②商店的吸引力程度；③商店人员是否礼貌并热心助人；④商店的售后服务质量（如保修和退换货）。同样，拥有满意度也包括许多子层面，如对房屋或公寓、家具、汽车或货车、服饰、储蓄等各方面的满意。

关于获取满意度，Lee（2002）把它定义为与消费者购买商品和服务有关的活动满意度。具体地说，在获取阶段主要有七个影响因素（对 CWB 有明显作用），如质量、价格、时间、商店服务水平等。

在占有满意度方面，学者们主要关注拥有某些消费品会在何种程度上影响消费者的生活质量。拥有满意度被认为是消费品所有权带来的满意，在测量上主要有六个单项尺度来衡量，如拥有住房、电子消费品、私人交通工具等带来的满意。

8. 消费者/产品生命周期模型

消费者/产品生命周期模型已应用于特定产品的测量，如个人交通和住房。关于个人交通生活，Sirgy 和 Lee（2003）研究发现，汽车消费对消费者的认知生活质量的影响主要取决于在购买、使用、所有和维护汽车时的满意度。研究同时发现，一个人的认知生活质量还受其对前一辆汽车的处理（转卖、报废等）满意度的影响。在住房研究上，Grzeskowiak 等（2006）根据消费者/产品生命周期模型构建并验证了住房幸福模型。住房幸福是指家庭居民购房、入住、维护、所有和转卖相关的正面和负面的累积情感。与这些经历相关的正性情感越强，住房所带来的幸福越大，生活满意度也越高。在实证方面，学者通过对 193 位美国住户和 285 户韩国居民采样对该模型进行验证。研究结果支持了住房幸福测量的理论效度。

9. 社区模型

Sirgy 等（2000）开发的对 CWB 的测量方法是基于这样一种理论：消费者幸福是社区居民对其所在地的各种商品零售和服务机构满意度的直接体现。在模型的验证上，调查要求受访对象表达出他们对本地各种商品零售和服务机构的满意或不满。这些机构包括银行或储蓄服务、保险服务、的士或私人交通工具、餐厅或夜总会、百货商店、药店和超市、专卖店、保健服务、通信服务、电力、天然气或石油服务、房地产服务、家居维修服务、日间护理服务、养老院或退休社区类型的服务、私人学校、体育比赛、电视台、广播电台、地方报纸、汽车服务、房地产经纪人、投资服务、法律服务和娱乐。

10. 需求满意度模型

根据马斯洛需求层次理论（Maslow，1954），人的需要是广泛的，具体可以归结为两类，即高级的需要和低层次的需要。高级需要包括自我实现、尊重、求知和审美的需要；低层次的需要包括生理、安全和社交的需要。CWB 需求满意度模型的基本假设是与那些只能满足人的少部分需求的商品和服务相比，那些能够全面满足人的发展需求的商品和服务更应该被关注和强调。

Sirgy 等（2006）从需求满意度的角度出发，开发了专门在个人交通方面测量 CWB 的方法，他们进行了一个系列的三项能有效测量 CWB 的研究。测量的理论基础是当汽车消费能够全面满足消费者的发展需要（如安全、经济、家庭、社会、自尊、现实化、知识和美学需要）时，汽车消费所带来的个人幸福就会加强。

为了检验 CWB 模型的理论效度和预测效度，Sirgy 等（2006）假设私人交通带来的消费者幸福——私家车在一定程度上所带来的如安全、经济、家庭、社会、自尊、实现、知识和美的需要等各种发展的需要，是由汽车的设计特征、维修和保养服务、保险政策和代理服务以及经销商和金融服务等带来的满意度所决定的。此外，他们还假设在私家车方面高度的消费者幸福会导致更高水平的车辆整体满意度和品牌的忠诚度。研究结果支持了消费者幸福模型的效度。

11. 感知价值模型

该模型假定，就某一特定商品而言，消费者幸福在一定程度上是由该产品带给消费者各个生活领域（如工作、休闲、家庭）的满意度决定的，而产品对某个特定生活领域的满意度是由感知利益和感知成本决定的。

例如，为了让直接参与互联网改革的政府部门和行业协会更方便地理解互联网幸福，Sirgy 等（2006）对互联网幸福进行了研究测量。网络幸福的测量理论假设是网民对互联网的总体感知效果是由网民对网络在其各个生活领域的感知影响决定的，如网络对其消费生活、职业生活、休闲生活、社交、教育、社区生活以及其他感性生活的影响。反过来，在特定生活领域感知到的网络影响是由网络感知利益和感知成本决定的。因此，网络幸福衡量的是消费者在各个生活领域的总体感知价值。高水平的感知价值代表的是高水平的网络幸福。

在实证上，为了有助于网络幸福的测量发展，学者们以大学生为研究对象，旨在确定所有的网络感知利益和感知成本。他们主要在两所高校（一所在美国，另一所在韩国）进行了问卷调查，通过数据统计分析验证了模型的理论效度。

12. 自下而上外溢模型

自下而上外溢模型的本质是一个人的满意程度是分层次的，并且积极情感与消极情感的影响会从某个生活领域的具体事件（如工作、休闲、家庭、社交、爱情生活等）逐渐扩及总体生活领域。因此，特定生活领域的具体事件很可能通过这种自下而上的外溢模型影响总体生活满意度（Diener，1984；Sirgy et al.，2000；Son，2016）。这种自下而上的满意度研究方法受到很多学者的推崇，并且很多研究都采用了这种方式。

根据自下而上溢出模型的理论指导，现在已经有许多在医疗保健和旅游方面进行消费者幸福的研究。在医疗保健方面，Rahtz 和 Sirgy（2000）、Rahtz 等（2004）、曹瑞等（2013）提出这样的假设，即社群居民对社区医疗保健服务的满意程度会影响其社区生活质量和生活满意度。此外，他们还假设那些在个人医疗保健、个人收入具有较低水平的人以及年龄较大的人，其自下而上的满意度更加强烈。也就是说，当社区居民的个人健康状况较差，收入较低并且年龄偏大时，其会因为参加了社区医疗保健活动而感到不管是具体的社区生活还是总体生活都比较幸福。这两次（2000 年和 2004 年）调查的结果都很好地支持了模型的假设。

同样，Sirgy（1994）、O'Connell 等（2016）也试图通过研究说明个人

对医疗方面的满意会扩展到生活满意的层面。他们在验证模型时提出这样的假设，一个人对社区医院的满意会扩及其对社区医疗保健服务的满意，对社区医疗服务的满意会进一步导致个人健康生活和健康状况的满意，这又进一步促使个人更高层次的满意直到其整体生活满意。他们采用电话访问的形式对 400 户社区居民进行了调查，研究结果支持改进调整后的模型结构。具体地说，对医院方面的满意会导致社区医疗保健满意和个人健康满意，而这两方面的满意又会导致整体生活满意。

关于旅行服务，Neal 等（2004）假定，旅游者的总体生活满意度来源于对生活主要方面的满意程度（如家庭、工作和健康）。具体地说，总体生活满意度有两大来源，即非休闲生活满意度和休闲生活满意度。休闲生活满意度来源于家庭生活和旅游经历，而旅游经历满意度又来源于旅游者的旅行反映（如旅行者所记得的从控制中得到的解脱，从离开工作后的旅程中获得的自由、参与、鼓励、技巧、自发性等）和对旅游服务水平的满足感。旅游水平满足感又进一步假设来源于旅游各阶段的各方面具体服务，分为旅行前服务、在途服务、目的地服务和回程服务。

此模型被测试于对大学全体教职员工的研究。通过假设停留时间长短的适度影响，原模型得到进一步的扩展延伸（Neal et al.，1999；Waterman et al.，2010）。具体是这样的，他们假设模型中的各种关系可能比时间充裕旅行者与时间紧迫旅行者之间的关系更明显。他们进行了一个针对 815 名旅游者（旅游服务消费者）的调查，结果与预测相符，所得的数据确认了建立在原模型中假设的正确性——旅游服务满意度通过旅行经历和休闲生活满意等满足感间接影响旅行者的生活质量（QOL）。此外，旅行者停留时间的长短等调节变量的影响也在结果中得到验证。总之，这项重复而引申的研究进一步验证了旅行服务满意度与生活质量之间的相关性。

13. 经营者导向模型

经营者导向模型认为，消费者幸福（CWB）是由商家为了提高顾客的生活质量而采取的各种营销行动所决定的（Lee et al.，1998；神铭钰和赵聪聪，2021），而这种营销行动对提高消费者幸福是非常重要的，因此经营者导向模型应该被看作研究消费者幸福的一种方法。在这种情形下，Lee 和 Sirgy（1999）检验了国际生活质量导向下的营销道德和民族主义的作用；国际生活质量导向是指商家在保证相关利益者利益的情况下所采取的有利于提高外国顾客福利的行为。

研究假设，商家的伦理道德和民族主义会影响商家的国际化生活质量行为，即国际经营者的生活质量导向越高，他们的道德理想越高；他们的道德相对性（兼容性）越高，其主观民族主义也就越低。研究同样还假设，与韩国经营者相比，美国经营者的道德兼容性可能更高，而其道德理想主义可能会比较低，而韩国经营者的民族主义要比美国经营者的民族主义要强。学者们分别对美国和韩国的企业职业经理人进行了数据调查，结果对上述假设关系和国际生活质量的测量都提供了有力的支持。

14. 物质主义模型

Belk（1985）把物质主义定义成"附属于顾客的重要身外之物"。如果一个人物质主义观念很强，那么财富就是其个人生活的中心，并且是生活满意或不满意的重要源泉。关于物质主义的概念，Ahuvia（2002）指出一些物质主义强调情感反应，而另外一些则强调信念。例如，Ger 等（1996）和 Belk（1985）对物质主义的测量主要关注于情感。Belk（1985）认为物质主义是一种涉及嫉妒、小气以及当丢失某些财富时所表现出的长期的焦虑等行为的个人特征。相反，Richins 和 Dawson（1992）对物质主义的测量主要集中在信念上。Richins（1987，1994）认为物质主义是一种个人价值体系，具有这种价值观念的人认为金钱是幸福的关键所在。具有物质主义观念的人把物质财富看成是其生活的重心，并且他们根据收入和财富的多少来评价生活中的成就。

　　然而，许多主教（如 Jesus、Mahavira）和哲学家（如 Hegel，1977）都早已指出智力和精神带来的快乐要远远超过物质财富所带来的快乐，真正的生活满意取决于前者而非后者。例如，Fromm（1976）区分了生活的三种境界：拥有（Having）、做（Doing）、成为（Being）。拥有（Having）是三种境界中的最低水平，考虑的是获取物质财富；做（Doing）是指人们专注于行动，而不是消费或占有；成为（Being）是指人们作为自由的个体，在其自我实现中找到满足和幸福，而非在做或是拥有的过程中。在实证方面，许多研究同样也支持了上述主教和哲学家的言论。Belk（1985）、Dawson 和 Bamossy（1990）、Richins（1987）、Richins 和 Dawson（1992）的研究对物质主义和生活幸福或是满意之间的关系进行了检验，结果显示它们之间存在负相关性。在一项采用分层分析法的相关研究中，Wright 和 Larsen（1993）同样发现它们之间存在一定的负面影响，即使是控制物质也是如此。Sirgy 等（1998）对此的解释是，物质主义者把物质追求的目标设置得太高，不切实际，以致根本没有能力去实现这些目标，所以他们对自己的生活不满意。

　　此外，Sirgy 等（1998）认为，电视收视率也会影响到物质主义欲望和对生活现状的不满，这反过来又造成不满情绪的出现。他们收集了五个国家各种文化和媒体环境的数据并就此问题进行了检验。这五个国家及调查对象分别是美国的普通消费者和大学生，加拿大、澳大利亚、土耳其和中国的城镇居民。研究结论与假设总体上保持一致。总的来说，研究结果表明，电视收视率在导致人们对生活不满意上发挥了重要作用，这种情况至少是在美国存在的。许多电视广告为了促进人们的物质消费而极力鼓吹财富所带来的"美好生活"，这就造成了终极性的物质主义——为了获取而获取。由此，学者们总结到，应该鼓励广告专业人员在创作广告时宣扬工具性的物质主义——即使用物质财富满足个人基本的重要需求，而要避免宣扬终极性的物质主义。

15. 全球化模型

Sirgy 等（2004）建立了全球化的理论来阐述全球化浪潮对一个国家生活质量的影响。他们描述了商品、服务、资本、科技和人才的流入和流出等方面的全球化现象，以此来总结全球化是如何影响一个国家的居民生活质量的。同时，他们还阐述了一个国家在消费、经济、社交、健康方面的生活质量，以表明全球化对国家生活质量的影响。全球化还增加了消费者的选择，提高了国内企业的竞争力。全球化在国家层面上提高了消费者的幸福水平，这是因为全球化带来了低价格和高质量的进口商品，从而增加了消费者的购买量。

Sirgy 等（2004）认为，一个具有高水平消费者幸福的国家大部分是因为其国民的基本所需和非基本所需都能由商品和服务所满足。消费者幸福的这种定义可以进一步划分为两个方面相应的指标，即基本需求的满足和非基本所需的商品和服务的可获得性。满足基本所需的相应指标是住房质量（人居住房面积，像管道、暖气等房屋设施）、基础设施的质量（如公共交通、电信、公共安全、自来水和能源等可用性和质量）和其他福利指标。与非基本所需相关的商品和服务的可获得性指标包括消费者信心指数、消费者期望指数、消费者物价指数和其他生活成本测量指标。

总之，我们所介绍的这些关于消费者幸福的研究综述最明显的特点是消费者幸福的各种各样的概念，不可避免地与宏观市场上的各种本质因素联系在一起，这些本质因素在消费者购买和使用商品和服务等市场互动过程中发挥了重要作用。

16. 多因素测量模型

随着测量技术的发展和消费者幸福理论的丰富，越来越多的学者在测量时采用了更加复杂的多因素测量方法。

Lee 等（2002）开发的消费过程模型认为，消费者的消费体验如获取（或购买商品和服务）、拥有（产品所有权）、消费（使用商品和服务）、维护（耐用品的维修和保养）、处理（耐用品的出售、转卖、报废等）都会影响消费者的幸福水平。他们通过综合评价其他生活领域（工作、休闲等）和具体评价上述五个阶段的影响因素，对消费者幸福进行了测量。

同样，Sirgy 等（2006）在幸福层级基础上开发了需求满足模型。他们通过测量私人汽车某些方面的属性对消费者的安全、经济、家庭、社交、自尊、实现、知识和美的需要等各个生活领域的满足情况来测量消费者的幸福水平。

综上所述，消费者幸福测量不仅要考虑一些客观的物质指标，还要对消费者的个人心理特征指标进行设计。在已有的研究文献中，消费者幸福的测量模型和测量指标（见表 2-3）都或多或少地通过实证的方式得到了检验。

表 2-3　消费者幸福的主要测量指标

维度	测量模型	主要测量指标
单因素测量	生活成本模型	价格变化（消费者价格指数）
	质量模型	商品或服务的可靠性、耐用性和安全性等
	消费者抱怨模型	服务态度、产品质量、价格、便利性等
多因素测量	消费过程模型	获取（购买）、拥有（所有权）、消费（使用）、维护（维修和保养）、处理（出售、转卖）等过程的情感和认知测量
	需求满足模型	某一产品属性对消费者安全、经济、家庭、社交、自尊、实现、知识和美的需要的满足程度的测量

资料来源：根据相关文献整理。

从表 2-3 中的各种测量指标可以看出，学者们多是通过测评消费者对一些环境或条件的感受来衡量消费者幸福的大小。换言之，消费者幸福的测量需要有依附的客体。但是，幸福始终是一种主观的心理体验，因此选择合理的评估体系和设计优秀的量表就成为测量消费者幸福的重要环节。目前，结构式测量法、多维描述式测量法、非自陈量表式测量法等都是比较常用的测量方法。

二、消费者幸福的实证研究

在消费者幸福研究领域，实证研究主要是围绕消费者幸福的前因变量（即影响消费者幸福的因素和测量指标）进行的。前面我们总结了主要的消费者幸福的影响因素和测量模型。因此，在本部分我们主要对具体因素和模型的应用研究进行述评。

Rahtz 等（2004）根据幸福（满意）层级模型对医疗保健的消费进行了研究，他们分别在 2000 年和 2004 年进行了相关调查。结果显示，社群居民对社区医疗保健服务的满意程度会影响其社区生活质量和幸福水平。

Sirgy 等（2006）对互联网幸福进行了研究测量。他们根据需求满足模型开发了一套问卷，并分别对韩国和美国的两所高校的大学生进行了问卷调查，调查结果验证互联网幸福是由互联网对网民的消费、职业、休闲、社交、教育、社区等生活的影响决定的。

Cherrier 和 Munoz（2007）实证研究了关爱他人（Care for Others）、自我约束（Spiritual Reflection）和脱离财政依附（Financial Detachment）对 CH（消费者幸福）的影响，其中关爱他人、自我约束是通过脱离财政依附对 CH 有间接积极影响，脱离财政依附对 CH 有直接积极影响。"多则好"（More is Better）的常理认为，金钱越多，拥有的产品越多，消费者越幸福，这一研究却表明，约束（Restraint）对 CH 的获取是一个更优选择。

另外，还有许多学者从社区服务的角度对消费者幸福进行了测量，Sirgy（2006）、Sirgy 和 Cornwell（2001）采取了需求满足的方法对社区零售和服务机构进行了考察；而 Day（1978）、Leelakulthanit 等（1991）、万德敏（2020）、刘丹和陈烦（2020）则采用应用消费过程模型，对消费者的社区购买和消费满意度进行了测量。

尽管学者们在实证研究上考察了不同的消费对象和采用了不同的测量模型，但是以上实证研究都不同程度地表明，消费的过程和消费的对象是消费者幸福的影响因素。正如图 2-4 所示，消费者会经历需求的满足、价值的感知、情感的体验等过程，最终产生消费者的总体幸福。

三、消费者幸福的差异化研究

消费者幸福的差异化研究主要集中在两大领域：消费者幸福的国际比较和购买体验中消费者幸福的差异性。

1. 消费者幸福的国际比较

Peterson 和 Ekici（2007）假设一个国家高水平的营销情绪指数同样表明了其高水平的主观幸福。他们的逻辑是，消费者对营销活动的积极情绪可以作为市场营销体系在传递消费者福利方面的一种积极信号，至少可以表现为在购买商品和服务方面的积极信号，反之亦然。为了检验这一假设，消费者数据收集的工作被安排在土耳其进行，调查结果对这一有趣的假设提供了支持。因此，消费者的营销情绪指数也可以作为消费者幸福的一种理论，一国消费者积极的营销情绪也意味着更高水平的主观幸福。完善的营销系统会提高消费者的生活满意度这一隐含假设得以成立。

Pan 等（2007）研究了市场营销是否会在国家层次上提高一国的居民生活质量问题，他们分别在不同的国家进行了数据调查，并且从主观幸福的理论出发解释了生活质量的定义，从广告开支和零售空间的宏观层面解释和描述了市场营销活动的定义，并且设计了"是否不同的市场营销活动会产生不一样的主观幸福"的问题。为了检验营销活动和主观幸福的关系，他们排除了像 GDP、人权等已知的影响主观幸福的因素。研究的结论却是否定的，营销活动和主观幸福之间的统计学关系非常薄弱。

Hill 和 Felice（2007）的研究同样审视和检验了国家间的消费水平和消费不公，他们基于哲学家 Rawlsian 的公平分配原则构建了全球社会公正的精妙理论。他们根据联合国开发计划署收集的数据资料证明了全球范围内的消费不公现象。他们的研究帮助学者们有效分析了社会不公现象，并大力促进了国际援助对消费不公方面的政策制定。因此，应该鼓励宏观市场研究学者利用 UNDP 的数据来分析特定类别的商品和服务的消费不公平现象，并且要完善社会公正理论以此为国际援助提供有针对性的政策建议。

Lee 等（1998）认为消费者幸福是由商家为了提高顾客的生活质量而采取的各种营销行动所决定的，而这种营销行动对提高消费者幸福非常重要。在他们研究的基础上，Lee 和 Sirgy（1999）研究发现，商家的伦理道德和民族主义会影响商家的国际化生活质量行为。Sirgy 等（2004）认为全球化浪潮在对一个国家的生活质量有影响的同时，还增加了消费者的选择，提高了国内企业的竞争力，全球化在国家层面上提高了消费者幸福水平。

2. 购买体验中消费者幸福的差异性

该领域研究较多，其中不乏有意义的发现。Schwartz 等（2002）认为幸福是一个选择的问题（A Matter of Choice），他们比较了最大化效用追求者（Maximizers）和追求满意者（Satisficers）两种消费者的幸福水平，认为前者会随着选择的增多并达到某一临界点后而使情景变得糟糕（Worse Off），这些人的幸福水平不及后者。Van Boven（2000）、郑玲（2019）发现，经验购买者（Experiential Purchasers）比物质型购买者（Material Purchasers）更幸福。Desmeules（2002）在此观点上深入研究，认为风险规避者更喜欢物质性购买，而不是经验性购买。Sirgy 等（1998）发现财富在影响整体生活满意度方面对物质主义追求者的影响更为强烈。郑玲等（2019）研究了逃避体验对消费者幸福感的影响机制。研究发现，逃避体验显著正向影响享乐幸福感及意义幸福感，心流在逃避体验与享乐幸福感的关系中起到完全中介的作用，自尊在逃避体验与意义幸福感的关系中起到完全中介的作用。并且，在逃避体验对自尊的关系中，社会排斥的调节效应显著。

卫海英和毛立静（2019）基于互动仪式链视角研究了服务仪式对消费者幸福感的影响。研究发现，服务仪式对消费者幸福感有积极的影响，这一影响是以积极共鸣为中介的。主题匹配调节了积极共鸣的中介作用，当主题匹配程度较高时，积极共鸣对服务仪式与消费者幸福感之间正向关系的中介效应显著；当主题匹配程度较低时，积极共鸣的中介效应不再显著。

国内外学者对消费者幸福研究中的真知灼见成为本书的参考，但是这些研究较为偏重实证分析，研究范围比较广，现象描述较多，对消费者幸福的影响因素和影响机理没有系统性的研究，对消费者幸福的本质、和谐消费模式的发展和运行机制没有深入研究。"消费者幸福如何定义？怎样测量？"对这样一些基本的问题没有一致的认识。本书认为消费者幸福是在消费过程中消费者的积极情感，是消费个体对消费感受的总体评价。因此，本书从消费体验的视角研究消费者在获取、拥有、消费、维护和处理产品和服务时的积极消费情感，以手机和汽车消费体验为情境研究消费者幸福。

第六节　消费者幸福总体研究评述

消费者幸福的理论研究时间虽然不长，但围绕消费幸福和消费快乐的研究已取得空前的发展，研究学科涉及心理学、经济学、消费者行为、广告、市场营销等多个学科领域，研究内容和视角不断深化和创新。在经济学领域，将消费者个体心理特征与其消费决策相结合，成为幸福经济学

（Hedonomics）的研究趋势。对以往的文献进行回顾和总结可以发现，学者们对消费者幸福的内涵、消费者幸福的测量以及影响因素进行了各种思路的探索性研究，据此，本书做以下评论：

第一，消费者幸福是一个结构性的概念，研究的最终目的是发展和挖掘其内涵，找出其影响因素和测量指标，为测量消费者幸福打下理论基础。

第二，目前关于消费者幸福的研究既有宏观视角，又有微观视角；既包括对影响因素的研究，又包括对反映性指标的研究。因此，目前研究呈现多理论多方法的特点。

第三，消费者幸福的内在作用机理是一个复杂的过程，这其中有个人对幸福理解不同的原因，更有消费多样化、复杂化的原因，所以目前的研究主要是从某一特定条件和思路出发对消费者幸福进行单维度研究。

但是，不管怎样，在消费行为研究领域，目前有关消费者幸福多样化的研究思路为后续研究奠定了良好的基础，对理论和实证研究都是一种促进。综观文献，消费者幸福的研究在取得积极成果的同时，还存在以下不足：

首先，消费者幸福影响因素的研究不够系统和完整，学者们大都是从单个方面进行研究，而消费者幸福是一个复杂的结构性概念，其既包括复杂多变的环境，又包括完整系统的行为模式，还涉及个人的心理活动。因此，消费者幸福研究框架需要进一步融合。

其次，由于消费者幸福会受到消费者个体特征和外界环境等方面的直接或间接的影响，而其作用机制、发生情境又存在多样性和复杂性，所以目前的研究还没有对消费者幸福进行维度划分，即形成固定的研究结构，这也是需要不断进行深度挖掘的地方。

在国外，幸福的研究探索已经成为指导国家和行业决策的重要工具（GNH），并且为市场营销策略也提供了具体改进的方向。从国内来看，消费者幸福在市场营销和消费行为领域的研究尚处于起步阶段。消费者幸福如何影响消费者的消费行为，企业如何提高消费者的幸福水平，国家如何通过制定消费政策来提高消费者的幸福水平等都是市场研究学者亟须探索的问题。

第三章　基于绿色管理的手机购买
消费者幸福研究

第一节　手机购买的消费者幸福测量模型构建

通过上文的理论梳理可以看出，目前学者对消费者幸福的测量主要存在两种思路：一是通过测量与消费者幸福相关的反映性指标来研究两者之间的相关关系；二是研究影响消费者幸福的因素，测量两者之间的因果关系。不论是哪一种思路，其都需要通过理论分析来构建相关的模型对消费者幸福进行测量。因此，本章的主要内容是通过借鉴前人研究的成果，对影响消费者幸福的主要因素进行归纳总结，进而构建研究的主要模型。

一、消费者幸福的研究变量

根据 Lee 等（2002）开发的消费体验过程模型，消费者幸福是由消费者在消费过程中的五个阶段的满意度构成的，即购买满意、拥有满意、使用满意、维护满意和处理满意。在每一个阶段，都有许多的因素影响消费者的满意和幸福。比如在购买阶段，购物环境会影响购买满意；在拥有阶段，拥有多少会影响拥有满意；在使用阶段，质量决定了消费者的满意状况；在维护阶段，自助修理会带来充实愉悦成就之感等。这一模型将消费过程划分成五个阶段，通过在这五个阶段内进行因素研究来探索消费者幸福的内在机理。而且，五个阶段模型在方法上和理论上对消费者幸福的测量研究提供了思路。因此，本书主要以消费体验过程理论为指导，从消费过程的五个阶段中挖掘出一些主要的影响因素，进而构建消费者幸福测量模型。

第一，在购买阶段。消费者的生活质量在很大程度上受到购物经历的影响，因此很多学者都对购买环境进行了研究，比如 Day（1987）、Leelakulthanit 等（1991）、Sirgy 等（1998）、Schnebelen 和 Bruhn（2016）、周志民等（2020）在测量购买满意时，购物场所的商品可获得性、种类、质量、价格，商店吸引力程度，店员服务水平以及退换货政策等几个方面都是他们关注的重点，他们也证明了在购买过程中消费者的满意与其生活满意呈正相关关系。因此，在研究中，消费者幸福在购买阶段的影响因素确定为购买环境变量。并且，借鉴前述学者的研究，购买环境也将从购物场所的商品种类、价格，商店吸引力程度，店员服务水平等几个方面考察。

第二，在拥有阶段。Belk（1985）、Dawson 和 Bamossy（1990）、Douglas 和 Isherwood（1979）、Day（1987）、Lee 和 Sirgy 等（1998）、Hwang 等（2019）、Zhou 等（2019）认为，某一产品的拥有权对消费者生活质量有很大影响，而拥有某一产品不仅意味着消费者对产品具有各种处置权利，更重要的是在品牌战略盛行的今天，拥有某一品牌就意味着获得了某种有形的或无形的利益和价值。Leigh 等（2006）、Muniz 和 O'Guinn（2001）、Schouten 和 McAlexander（1995）、Han 等（2019）的研究表明，品牌形象对消费者的品牌满意度有重要影响作用。Grzeskowiak 和 Sirgy（2008）据此开展了品牌归属感与消费者幸福（生活质量）之间关系的研究。因此，在拥有阶段，品牌形象被作为一个重要的研究变量。

第三，在使用阶段。产品或服务的使用经历对消费者满意和幸福有重要影响（Baudrillard，1998；Han et al.，2019；Carola and Tim，2018）。在前述文献研究中，很多学者都将产品或服务的质量作为一个重要因素进行研究，如在旅行服务研究中，Neal 等（2004）重点研究了旅行前服务、在途服务、目的地服务和回程服务的水平对旅游消费满意（幸福）的影响，而在国外有很多消费者联盟组织出版的关于产品可靠性、耐用性和安全性的报告，其目的也是评估产品质量对消费者幸福的影响。

第四，在维护阶段。维护满意是指消费者寻求拥有物的维修和服务经历的满意度。由此可以看出，对某一产品的售后服务质量的满意与否决定了消费者幸福的程度。因此，在研究中，将维护阶段消费者对售后服务的满意作为一个重要的影响因素。

按照 Lee 等（2002）、朱翊敏（2019）开发的模型，还存在着处理阶段的满意测量，但是在本书中，考虑到消费者对其正在消费和使用的产品无法进行实际的"处置"，所以本书舍弃了对处理阶段的研究。

另外，价格是影响消费者最终选择商品或服务的重要因素之一。对于消费者来说，价格高低只是决定消费者购买与否的因素，并不决定其满意与否，而只有进行价格公平比较，才会影响消费者的认知和情感，即当消费者认为产品的价格对自己来说是不公平的，通常会产生不满意感、负面的情绪以及态度。因此，在购买前后阶段，研究将感知价格公平作为研究消费者幸福的一个变量。

通过分析，研究借助于 Lee 等（2002）的消费体验过程理论，总结了上述五个影响消费者幸福的研究变量。尽管在以往研究中，这五个研究变量没有被统一归纳和研究过，但是在许多文献中，这五个变量都被从不同的角度进行过论证。所以，本书的研究既是一次验证又是一种探索。

在消费者幸福的结果变量中，研究选取了消费者品牌忠诚和消费者总体生活满意为研究变量。首先，根据顾客满意度研究理论，满意的消费者会表现出忠诚的消费行为（ASCI），而根据此理论，消费者幸福越强，消费者忠诚度也应该越高。其次，Grzeskowiak 和 Sirgy（2008）把消费者品牌忠诚作为一个中介变量进行研究，他们认为，消费者对某一品牌和产品的消费次数越多，其体验强烈正向情感的可能性就越大，因而消费者幸福就越强。由此可见，消费者品牌忠诚与消费者幸福之间存在着一定的联系。因此，本书将探索性地研究消费者品牌忠诚与消费者幸福之间的关系。

根据幸福（满意）层级理论，消费者对某个生活领域的具体事件的积极情感与消极情感会从具体生活领域（如工作、休闲、家庭、社交、爱情生活等）逐渐扩及到总体生活领域。因此，消费者幸福作为一个表现消费者在消费领域的满意和情感指标，其与总体生活满意之间的关系也将在研究中进行验证。

综上所述，消费者幸福研究变量主要有购物环境变量、感知价格公平变量、品牌形象变量、产品质量变量、售后服务变量、消费者品牌忠诚变量和消费者总体生活满意变量。

二、消费者幸福的研究框架和假设

1. 研究框架

基于消费体验过程理论和幸福层级理论，并根据以往文献的研究成果和思路，本书提出了一个更加综合更加详细的结构模型，其主要框架如图3-1所示。在这一模型中，各种影响因素与消费者幸福之间的关系表现更加系统和明确，本书以下的研究也将按照这一模型进行实证分析。

该研究框架主要包含以下三部分内容：

（1）以改进和取舍后的消费体验过程模型为指导，研究消费体验的各个阶段中不同的因素对消费者幸福的影响作用。

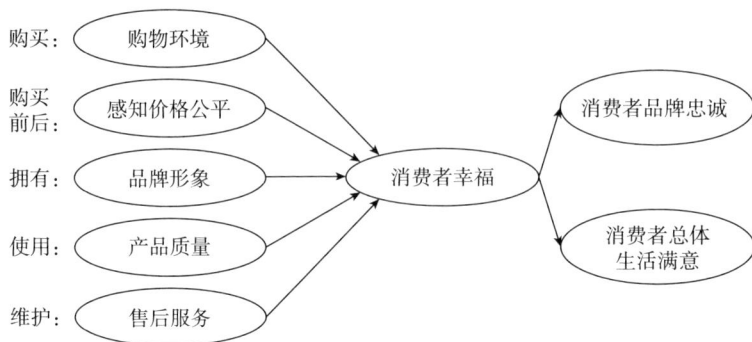

图 3-1 消费者幸福测量模型

资料来源：根据资料整理。

（2）借鉴顾客满意度理论，研究消费者幸福与消费者品牌忠诚之间的相互关系。

（3）以幸福（满意）层级理论为基础，验证消费者幸福与消费者总体生活满意度之间的关系。

2. 研究假设

为证明本书所构建模型的存在性，根据文献资料和理论分析，本书提出以下研究假设：

在购买阶段，Sirgy（2006）、Sirgy 和 Cornwell（2001）、Sirgy 等（1998）、朱翊敏（2019）、Marcos 等（2019）对购物场所的商品可获得性、种类、质量、价格，商店吸引力程度，店员服务水平以及退换货政策等购物环境的研究结论表明，消费者购买满意与消费者幸福呈正相关关系。据此，本书提出假设 1：

H1：购物环境越好，消费者幸福越高。

根据前述分析，在购买前后阶段，感知价格公平对消费者幸福有重要影响。在顾客满意度研究范畴，Oliver（1989）发现价格公平对满意度产生很大影响；龚兴军和杨琛（2017）基于公平理论，研究了价格上涨背景下，价格公平感知和支付意愿之间的关系,分析了价格公平感知对支付意愿的影响,考察了情绪对价格增长与价格公平感知之间关系,以及对价格公平感知和支付意愿之间关系的调节作用。研究发现,一方面,积极情绪可以缓解价格上涨对价格公平感知和支付意愿的负面影响,另一方面,积极情绪可以正向调节价格公平感知和支付意愿之间的关系,然而,令人意外的是,消极情绪的影响却并不显著。因此,本书提出假设 2:

H2:价格感知越公平,消费者幸福越高。

在拥有阶段,Leigh 等(2006)、Muniz 和 Guinn(2001)、Schouten 和 McAlexander(1995)、Tsuruta 等(2019)、王佳(2018)的研究表明,品牌形象对消费者的品牌满意度有重要影响作用。Grzeskowiak 和 Sirgy(2008)据此开展的品牌归属感与消费者幸福(生活质量)之间关系的研究也表明,品牌归属感与消费者幸福有正向关系。综上,本书提出假设 3:

H3:品牌形象得分越高,消费者幸福越高。

在使用阶段,影响满意或幸福的因素主要是产品或服务的感知质量(Baudrillard,1998)。很多学者的研究表明,产品质量对消费者幸福有显著影响。因此,本书提出假设 4:

H4:产品感知质量越高,消费者幸福越高。

在维护阶段,尽管 Sirgy 等(2002)、Hwang 等(2019)的研究结论不支持维护满意与消费者幸福之间的关系,但是我国学者费鸿萍(2009)在应用 Sirgy 等(2007)、Schmitt 等(2015)、Schnebelen 和 Bruhn(2016)开发的消费体验过程理论基础上却得出支持两者之间关系的结论。另外,国内学者金玉芳和董大海(2004)也证明,售后服务质量影响消费者的认知和情感。因此,本书提出假设 5:

H5:售后服务质量越高,消费者幸福越高。

关于消费幸福与消费者品牌忠诚之间的关系,过去的研究证明消费者的满意程度越大，那他们选择重复购买的可能性就越大。因此，借鉴消费者满意理论，消费者幸福对消费者忠诚有影响作用。可以提出假设6：

H6：消费者幸福越高，消费者品牌忠诚度越高。

根据满意层级理论，Sirgy 等（2002）、Rahtz 等（2004）、Schmitt 等（2015）、Tsuruta 等（2019）已经证明，消费者幸福与消费者总体生活满意之间存在着正相关关系。因此，提出假设7：

H7：消费者幸福越高，消费者总体生活满意程度越高。

根据以上分析，本书共提出与消费者幸福有关的七个假设。其中 H1～H5 是进行前因变量研究，H6 和 H7 是进行后向研究。研究主要关注消费者在消费过程中所产生的心理体验，以试图找出影响消费者幸福的各种因素以及它们之间的关系。

第二节　手机购买的消费者幸福实证研究

通过上文对消费者幸福研究变量的确定和框架的构建，本书提出了相关的假设。为了进一步完善和丰富前面的理论研究和验证假设，本部分主要是进行实证研究。主要内容包括四个部分：一是问卷的选择和设计；二是数据的收集与处理；三是数据的分析结果；四是分析结果讨论。

一、问卷的选择和设计

问卷调查法是目前国内外实证研究最常用的一种资料收集方法，其主要是通过设计与研究变量密切相关的问题来获取受访者的第一手数据资料。在本书中，考虑到数据收集的方便性和普遍性，问卷调查项目以手机消费为例，来获取受访者的观点和看法。其主要原因如下：

首先，手机属于耐用消费品，其产品使用周期比较符合消费体验过程理论，因此有利于准确测量消费者幸福。

其次，目前手机的消费和使用已经非常普遍，手机在人们日常生活中扮演越来越重要的角色，以手机消费为例来测量消费者幸福具有普遍性和代表性。

另外，与上述研究变量相对应，手机消费的影响因素基本上符合上述描述。因此，本书经过认真分析和比较，最终采取了以手机消费为项目的问卷。具体来说，问卷的设计主要有以下三个过程：

一是通过借鉴以往研究的理论基础和文献资料，对与研究变量有关的国内外文献资料进行汇总、分类和筛选，形成与研究内容相关的问卷材料。

二是通过与指导老师和多位同学进行探讨，对收集到的量表语句和内容进行探讨与修正，形成问卷初稿。

三是开展小范围的问卷试调研，通过了解受访者对问卷的困惑和评价以及数据的收集情况来发现问卷设计的不足，进而做出修改。

经过上述步骤，最终确定了各研究变量的测量量表（见表3-1）。问卷全部采用Likert七级量表，其中"1"表示"完全不同意"，"7"表示"完全同意"。

表3-1　测量问项

代码	研究变量	问项
SE1	购物环境	我购买手机的地方有多种类别的手机
SE2		在购买这部手机时，我对手机的产品展示印象深刻
SE3		在购买这部手机时，我对销售人员服务质量很满意
SE4		我对购买手机的地方的气氛（装潢、灯光、广播）印象深刻
SE5		我购买手机的地方交通便利
SE6		我购买手机的地方设施完善、清洁卫生

续表

代码	研究变量	问项
PPF1	感知价格公平	购买完这手机没多久，厂商又宣布降价
PPF2		这部手机与同品牌其他产品相比价格公道
PPF3		购买完这手机没多久，厂商又推出性价比很高的产品
PPF4		购买完这部手机后，我发现其他品牌同类产品价格更低
PPF5		这部手机与其他品牌的同类配置相比价格公道
PPF6		这部手机总体性价比不错
BI1	品牌形象	这部手机与自我形象相符
BI2		我购买的这部手机得到周围人的认同
BI3		使用这部手机的人非常多
BI4		拥有这个品牌的手机让我感到满意
BI5		使用这个品牌的手机可以彰显我的个性
BI6		使用这个品牌的手机可以提升我的地位和自我形象
PQ1	产品质量	我对这部手机的外观样式非常满意
PQ2		我对这部手机的性能、功能感到满意
PQ3		我对这部手机的通话质量感到满意
PQ4		使用过程中，这部手机很少出现质量问题
PQ5		我对这部手机的电池续航能力感到满意
PQ6		这部手机的总体质量很好
ASS1	售后服务	这部手机的质保期限较长
ASS2		这部手机的维修费用较高
ASS3		这部手机的维修方便
ASS4		这个品牌的手机售后服务非常完善
ASS5		这个品牌的手机非常重视顾客的投诉处理
ASS6		这部手机的售后服务与购买时的承诺一致
CWB1	消费者幸福	我不后悔购买了这部手机
CWB2		这部手机满足了我在社交、休闲、娱乐等方面的需要
CWB3		使用这部手机给我带来很多快乐
CWB4		与理想中的手机相比，这部手机是让我感到满意的
CWB5		与周围人手机使用情况相比，我对这部手机的使用感到满意
CWB6		总体来说，我对这部手机的消费体验是感到满意的

续表

代码	研究变量	问项
BL1	消费者品牌忠诚	我经常关注这个手机品牌的新闻和广告
BL2		我经常关注这个品牌推出的新产品
BL3		我会向朋友推荐购买这部或这个品牌的手机
BL4		为了获得这个品牌的手机，我愿意付出更多
BL5		如果更换手机，我还会买这一品牌的手机
BL6		在相同价格和配置情况下，我更愿意购买这个品牌的手机
OLS1	消费者总体生活满意	回顾这部手机的使用经历，我对这部手机是感到满意的
OLS2		使用手机让我的生活充满乐趣
OLS3		使用手机满足了我的日常生活所需
OLS4		使用手机为我的生活提供了便利，对此我感到满意
OLS5		总的来说，使用手机满足了我在很多生活领域的需求
OLS6		总体来看，使用手机能给我的生活带来满意和快乐

二、数据的收集与处理

1. 调查对象

为保证研究数据的质量与可信度，本书对样本的调研采用纸质问卷和网络问卷两种方式。其中，纸质问卷以随机抽样的方式对手机消费者进行现场发放，涉及地区包括湘潭市高校大学生、济宁市民、合肥市江淮汽车股份有限公司部分员工等，问卷发放率占到总回收率的 16.2%；网络问卷主要是面向于学生、办公室职员等上网便利的群体，借助"爱调研"的网络平台通过网络传播给消费者。所有发放问卷共计 200 份，回收 173 份，其中剔除无效问卷 11 份，有效问卷回收率达到 81%。

2. 调查对象的人口统计变量描述

问卷设计的第一部分主要是了解受访者的个人基本信息，以便进行样本的总体特征描述。通过统计，得到关于样本的人口统计变量描述，如表3-2所示。

表 3-2　研究样本人口变量结果统计

人口变量	项目	人数	百分比（%）
性别	男	93	57.4
	女	69	42.6
年龄	42~51 岁	1	0.6
	32~41 岁	9	5.6
	22~31 岁	141	87.0
	12~21 岁	11	6.8
学历	初中及以下	8	4.9
	高中/职高/中专	12	7.4
	大专	24	14.8
	本科	70	43.2
	硕士及以上	48	29.6
月收入水平	1500 元及以下	34	21.0
	1501~2500 元	37	22.8
	2501~3500 元	39	24.1
	3501~4500 元	27	16.7
	4500 元以上	25	15.4
手机品牌	诺基亚	81	50.0
	三星	21	13.0
	其他	60	37.0
手机价位	1000 元以下	48	29.6
	1000~2000 元	75	46.3
	2000~3000 元	23	14.2
	3000~4000 元	5	3.1
	4000 元及以上	11	6.8

资料来源：根据收集数据整理。

从表 3-2 可以看出，在性别方面，男性占到 57.4% 的比例；在年龄分布上，22~31 岁的人数最多，占到 87%；在学历方面，初中及以下学历有 8 人，占到 4.9%；本科学历人数最多，为 70 人，占到 43.2%。

另外，在手机品牌使用上，诺基亚使用人数最多，占到调查样本的50%，其次为三星品牌，占到13%；在手机价位的选择上，有46.3%的消费者都选择价位在1000~2000元的手机。

3. 问卷信度和效度检验

信度是指测量项目的一致性程度；效度就是指测量工具或手段能够准确测出所要测量的变量程度。在本书中，主要是对购物环境、感知价格公平、品牌形象、产品质量、售后服务、消费者幸福、消费者品牌忠诚和消费者总体生活满意这几个部分的问项进行一致性分析和单维度载荷因子分析。

采用CITC方法（在同一变量维度下，每一测量项目与其他所有测量项目之和的相关系数）来净化测量项目，当CITC小于0.5时或删除后能够增加Cronbach's α系数时，一般认为就应该删除该测量项目，而有学者（卢纹岱，2002）认为只要CITC值不小于0.3也可以达到研究要求，考虑到本书的探索性研究特征，研究参照0.3的标准。在净化前后，都采用常用信度检验方法——克伦巴赫（Cronbach's α）系数来衡量各变量问项的内部一致性。此处的标准为Cronbach's α系数值大于0.7表示内部一致性高，但是在探索性研究中，Cronbach's α系数值可以小于0.6，但应大于0.5（韩小芸和汪孝纯，2003）。

在做效度分析时，主要采取因素分析法对问卷进行结构效度分析，而做因子分析的前提是对样本进行KMO与Bartlett检验。一般认为，KMO越接近1，越适合做因子分析。KMO在0.8以上认为很适合做因子分析；在0.7~0.8表示适合做因子分析；在0.6~0.7表示较适合做因子分析；在0.5以下认为不适合做因子分析（马庆国，2002）。

参照上述分析方法和标准，本书首先对各研究变量中测量项目修正后总相关系数CITC小于0.3的项目进行剔除。比较删除前后的α系数；然后进行 KMO 和 Bartlett 检验是否适合做因子分析，并最终检验各变量的信度和效度。

在购物环境变量中，SE1 项目 CITC 为 0.186，删除该项后 Cronbach's α 系数为 0.620，达到项目测量删除的条件，因此予以删除。然后进行 KMO 和 Bartlett 检验，在购物环境有六个测量项目时 KMO 值为 0.644，样本分布的球形 Bartlett 检验卡方值的显著概率为 0.000。删除 SE1 后，KMO 为 0.640，Bartlett 检验卡方值的显著概率为 0.000，测量项目删除前后符合因子分析要求。根据因子分析结果，购物环境变量细分为两个方面的子维度，通过对测量项目的分析发现，SE2、SE3、SE4 组成的子维度可归纳为直接购物环境，SE5 和 SE6 可归为间接（辅助）购物环境。其各荷载因子值均大于 0.5，方差解释百分比由 53.158% 提高到 61.339%，同时各子维度的 Cronbach's α 系数值分别为 0.536 和 0.633。因此，在删除 SE1 后，各测量项目的信度和效度均符合要求。具体如表 3-3 和表 3-4 所示。

表 3-3 购物环境的 CITC 和前后信度分析

测量项目	初始 CITC	最后 CITC	删除该项目后的 Cronbach's α 系数	Cronbach's α 系数
SE1	0.186	删除	—	删除前 0.589 删除后 0.620
SE2	0.372	0.322	0.597	
SE3	0.303	0.328	0.589	
SE4	0.403	0.436	0.533	
SE5	0.390	0.398	0.555	
SE6	0.346	0.394	0.557	

在感知价格公平变量中，通过 CITC 分析，PPF3 和 PPF6 项目 CITC 分别为 0.296、0.211，但是同时删除这两个项目后 Cronbach's α 系数由 0.606 降为 0.567，在保留 PPF3 而删除 PPF6 测量项目的情况下 Cronbach's α 系

表 3-4 购物环境因子分析和信度分析

测量项目	载荷因子 1	载荷因子 2	Cronbach's α 系数
SE2	0.852		
SE3	0.585		0.536
SE4	0.663		
SE5		0.811	
SE6		0.853	0.633
解释方差百分比（%）	61.339		
KMO	0.640		
Bartlett 检验卡方值	98.655		
显著性概率	0.000		

数不变，因此只删除 PPF6 项目，测量达到信度标准。通过因子分析，KMO 为 0.557，Bartlett 检验卡方值的显著概率为 0.000，勉强可以做因子分析。通过进行主成分因子提取、方差最大旋转方法选择因子，以 0.5 为因子荷载的临界点得到转轴后因子矩阵，分为两个方面的维度，通过分析可以发现，PPF1、PPF2、PPF3 可以总结为内部公平，PPF4、PPF5 为外部公平。内部公平子维度和外部公平子维度的 Cronbach's α 系数值分别为 0.666 和 0.843；累计方差解释百分比为 71.788%，符合效度要求。具体结果如表 3-5 和表 3-6 所示。

表 3-5 感知价格公平的 CITC 和前后信度分析

测量项目	初始 CITC	最后 CITC	删除该项目后的 Cronbach's α 系数	Cronbach's α 系数
PPF1	0.423	0.441	0.505	
PPF2	0.347	0.386	0.538	
PPF3	0.296	0.332	0.567	初始 0.606
PPF4	0.347	0.295	0.583	最终 0.567
PPF5	0.419	0.355	0.556	
PPF6	0.211	删除	—	

表3-6   感知价格公平因子分析和信度分析

测量项目	载荷因子1	载荷因子2	Cronbach's α 系数
PPF1	0.693		
PPF2	0.788		0.666
PPF3	0.836		
PPF4		0.921	
PPF5		0.923	0.843
解释方差百分比（%）	71.788		
KMO	0.557		
Bartlett 检验卡方值	208.951		
显著性概率	0.000		

同样，在品牌形象中，BI3 项目修正前 CITC 为 0.262，予以剔除后 Cronbach's α 系数由 0.804 变为 0.847，故可以剔除 BI3 项（见表 3-7）。经过 KMO 和 Bartlett 检验，剔除 BI3 项前后都适合做因子分析。剔除 BI3 项后剩余因子荷载值均大于 0.7，因此，可以认为该品牌形象测量项目具有较好的信度和效度（见表 3-8）。

表3-7   品牌形象的 CITC 和前后信度分析

测量项目	初始 CITC	最后 CITC	删除该项目后的 Cronbach's α 系数	Cronbach's α 系数
BI1	0.547	0.550	0.843	
BI2	0.720	0.694	0.809	
BI3	0.262	删除	—	初始 0.804
BI4	0.657	0.623	0.825	最终 0.847
BI5	00.636	0.729	0.796	
BI6	0.639	0.697	0.805	

在感知质量测量项目中，所有测项符合净化标准，Cronbach's α 系数为 0.762，PQ5 项目删除后的 Cronbach's α 系数可以达到 0.790，具有较高信

表3-8 品牌形象因子分析和信度分析

测量项目	载荷因子	Cronbach's α 系数
BI1	0.702	
BI2	0.815	
BI4	0.766	0.847
BI5	0.840	
BI6	0.822	
解释方差百分比（%）	62.508	
KMO	0.805	
Bartlett 检验卡方值	342.180	
显著性概率	0.000	

度（见表3-9）。同时 KMO 和 Bartlett 检验值都符合因子分析要求，KMO 值为 0.799，剔除 PQ5 项目后累计方差解释百分比为 56.074%，剩余各测量项目的因子载荷值均大于 0.5，具有较高效度。因此，综合考虑剔除 PQ5 项目，得到感知质量测量项目只存在一个维度（见表3-10）。

表3-9 感知质量的 CITC 和前后信度分析

测量项目	初始 CITC	最后 CITC	删除该项目后的 Cronbach's α 系数	Cronbach's α 系数
PQ1	0.339	0.394	0.808	
PQ2	0.545	0.588	0.745	
PQ3	0.613	0.639	0.730	初始 0.762
PQ4	0.636	0.614	0.735	最终 0.790
PQ5	0.316	删除	—	
PQ6	0.714	0.659	0.730	

表3-10 感知质量因子分析和信度分析

测量项目	载荷因子	Cronbach's α 系数
PQ1	0.549	
PQ2	0.745	
PQ3	0.802	0.790
PQ4	0.799	
PQ6	0.815	

续表

测量项目	载荷因子	Cronbach's α 系数
解释方差百分比（%）	56.074	
KMO	0.799	
Bartlett 检验卡方值	251.672	
显著性概率	0.000	

基于同样的分析，在售后服务质量测量项目中，剔除 ASS2 项目后，Cronbach's α 系数由 0.788 变为 0.865，累计方差解释百分比为 65.822%，各载荷因子达到 0.7 以上，并且售后服务质量测量项目只有一个维度（见表 3-11 和表 3-12）。

表 3-11　售后服务质量的 CITC 和前后信度分析

测量项目	初始 CITC	最后 CITC	删除该项目后的 Cronbach's α 系数	Cronbach's α 系数
ASS1	0.568	0.572	0.867	初始 0.788 最终 0.865
ASS2	0.002	删除	—	
ASS3	0.505	0.570	0.865	
ASS4	0.788	0.812	0.804	
ASS5	0.741	0.757	0.820	
ASS6	0.717	0.741	0.824	

表 3-12　售后服务质量因子分析和信度分析

测量项目	载荷因子	Cronbach's α 系数
ASS1	0.704	0.865
ASS3	0.701	
ASS4	0.903	
ASS5	0.870	
ASS6	0.856	
解释方差百分比（%）	65.822	

续表

测量项目	载荷因子	Cronbach's α 系数
KMO	0.810	
Bartlett 检验卡方值	438.341	
显著性概率	0.000	

在品牌忠诚测量项目中剔除 BL4 后 Cronbach's α 系数由 0.844 变为 0.873，累计方差解释百分比为 67.055%，其余各载荷因子值均大于 0.7，达到效度标准（见表 3-13 和表 3-14）。

表 3-13　品牌忠诚的 CITC 和前后信度分析

测量项目	初始 CITC	最后 CITC	删除该项目后的 Cronbach's α 系数	Cronbach's α 系数
BL1	0.733	0.761	0.831	
BL2	0.602	0.653	0.861	
BL3	0.670	0.673	0.853	初始 0.844
BL4	0.310	删除	——	最终 0.873
BL5	0.767	0.760	0.832	
BL6	0.709	0.683	0.853	

表 3-14　品牌忠诚因子分析和信度分析

测量项目	载荷因子	Cronbach's α 系数
BL1	0.844	
BL2	0.767	
BL3	0.802	0.873
BL5	0.869	
BL6	0.809	
解释方差百分比（%）	67.055	
KMO	0.784	
Bartlett 检验卡方值	470.554	
显著性概率	0.000	

在消费者幸福测量项目中，所有测项符合净化标准，Cronbach's α 系数为 0.915，KMO 值为 0.887。通过因子进行主成分因子提取、方差最大旋转方法选择因子，各载荷因子值大于 0.7，因此消费者幸福的测量项目具有较高的信度和效度（见表 3-15 和表 3-16）。

表 3-15　消费者幸福的 CITC 和前后信度分析

测量项目	初始 CITC	最后 CITC	删除该项目后的 Cronbach's α 系数	Cronbach's α 系数
CWB1	0.662	0.662	0.913	初始 0.915 最终 0.915
CWB2	0.720	0.720	0.906	
CWB3	0.841	0.841	0.887	
CWB4	0.755	0.755	0.901	
CWB5	0.798	0.798	0.895	
CWB6	0.835	0.835	0.894	

表 3-16　消费者幸福因子分析和信度分析

测量项目	载荷因子	Cronbach's α 系数
CWB1	0.761	0.915
CWB2	0.805	
CWB3	0.893	
CWB4	0.836	
CWB5	0.871	
CWB6	0.895	
解释方差百分比（%）	71.401	
KMO	0.887	
Bartlett 检验卡方值	686.056	
显著性概率	0.000	

对消费者总体生活满意的所有测量项目均符合净化标准，没有需要删除的测量项目，Cronbach's α 系数达到 0.925。通过 KMO 检验和 Bartlett 检

验，适合做因子分析。经过单维度分析得到各测量项目的载荷因子值均在 0.8 以上，说明消费者总体生活满意测量项目具有较高的信度和效度（见表 3-17 和表 3-18）。

表 3-17 消费者总体生活满意的 CITC 和前后信度分析

测量项目	初始 CITC	最后 CITC	删除该项目后的 Cronbach's α 系数	Cronbach's α 系数
OLS1	0.751	0.751	0.915	初始 0.925 最终 0.925
OLS2	0.744	0.744	0.919	
OLS3	0.795	0.795	0.910	
OLS4	0.824	0.824	0.906	
OLS5	0.750	0.750	0.915	
OLS6	0.861	0.861	0.901	

表 3-18 消费者总体生活满意因子分析和信度分析

测量项目	载荷因子	Cronbach's α 系数
OLS1	0.828	0.925
OLS2	0.822	
OLS3	0.865	
OLS4	0.887	
OLS5	0.828	
OLS6	0.908	
解释方差百分比（%）	73.412	
KMO	0.903	
Bartlett 检验卡方值	718.641	
显著性概率	0.000	

根据上述 CITC、信度和效度分析可以看出，该问卷测量项目经过反复修正和删减后得到了优化处理，其在信度和效度方面均达到要求。值得注意的是，购物环境和感知价格公平两个变量经过因子分析后又可以分别分

为两个维度，所以在以下研究中，将按照优化后的测量项目和维度进行具体分析。

三、数据的分析结果

上文对调查问卷的信度和效度检验结果表明调查问卷具有良好的信度和效度，因此接下来便是对研究结果进行统计分析，以验证前文假设。

1. 消费者幸福总体状况

通过对问卷数据进行分析整理，关于手机消费体验过程中各变量的描述性统计结果如表3-19所示。

表3-19　变量的描述性统计结果

变量	最小值	最大值	均值	标准差
直接购物环境	1.00	6.33	4.31	0.8386
间接购物环境	2.50	7.00	5.02	0.9223
内部感知公平	1.00	7.00	3.74	0.9548
外部感知公平	1.00	7.00	4.75	0.9527
品牌形象	1.40	7.00	4.59	0.9002
感知质量	1.80	7.00	4.96	0.8540
售后服务质量	1.00	7.00	4.31	0.9465
消费者品牌忠诚	1.40	7.00	4.41	1.1038
消费者幸福	2.17	7.00	4.91	0.9543
消费者总体生活满意	2.67	7.00	5.04	0.9206

从表3-19可以看出，手机消费体验过程中各变量之间的均值存在一定的差异，其中感知质量的均值和间接购物环境的均值较高；手机消费者的消费者幸福均值为4.91，说明消费者幸福总体状况良好，而消费者总体生活满意均值为5.04，说明消费者总体生活满意状况较好。

2. 消费者幸福在人口统计变量上的差异分析

本部分使用独立样本T检验和单因素方差分析方法检验消费者个体特

征（性别、年龄、学历、职业和月收入水平）对消费者幸福影响因素以及消费者幸福状况的影响。

（1）消费者性别的差异分析。使用独立样本 T 检验研究不同性别消费者在消费者幸福和消费体验过程影响因素方面的差异，结果如表 3-20 所示。

表 3-20　不同性别消费者手机消费体验过程差异分析

变量	性别	均值	方差齐次性检验		均值差异检验	
			显著性	是否齐次	显著概率	均值差（男-女）
直接购物环境	男	4.2688	0.284	是	0.485	-0.0935
	女	4.3623				
间接购物环境	男	4.9516	0.628	是	0.285	-0.1571
	女	5.1087				
内部感知公平	男	3.7312	0.467	是	0.933	-0.0128
	女	3.7440				
外部感知公平	男	4.7527	0.401	是	0.995	-0.0009
	女	4.7536				
品牌形象	男	4.5591	0.025	否	0.627	-0.0670
	女	4.6261				
感知质量	男	4.9871	0.470	是	0.647	0.0625
	女	4.9246				
售后服务质量	男	4.3204	0.183	是	0.930	0.0132
	女	4.3072				
消费者幸福	男	4.9230	0.066	是	0.811	0.0365
	女	4.8865				

通过上述独立样本 T 检验结果可以看到，在 95% 的置信区间，不同性别的消费者在购买手机时，在直接购物环境、间接购物环境、内部感知公平、外部感知公平、品牌形象、感知质量、售后服务质量上没有显著差异，不同性别的消费者的消费者幸福也没有显著差别。这说明性别这一人口统计变量对消费者手机消费体验过程的评价不具有显著影响作用。

（2）消费者学历的差异分析。在分析学历差异时本书采用单因素方差分析法，并根据方差齐次性和方差不具有齐次性分别选取 LSD 和 Tamhane T2 法进行两两比较。

根据方差齐次性检验结果可以看到，不同学历分组在直接购物环境、间接购物环境、内部感知公平、外部感知公平、品牌形象、感知质量、售后服务质量以及消费者幸福方面的数据都具有方差齐次性，显著概率均大于 0.05。因此，在两两比较结果中，读取 LSD 方法下的检验结果，将不同学历下具有显著统计差异的变量列示出来，如表 3-21 所示。结果表明，具有大专学历的人在购买手机时比本科学历更注重直接购物环境，比初中学历的人更注重间接购物环境；大专以上学历的消费者群体比初中学历及以下的人更注重间接购物环境（即购物地点基础设施）的状况。在感知质量方面，具有高学历（硕士及以上）的消费者要比具有高中学历的消费者更注重手机质量。总体而言，越是具有较高学历层次的消费者，其对购物环境的要求越高。在消费者幸福方面，不同学历的消费者其幸福状况并没有表现出差异性，这也说明学历对消费者幸福的影响较小。

表 3-21　学历差异比较结果

变量	方法	学历（I）	学历（J）	Mean Difference（I-J）	Sig.
直接购物环境	LSD	大专	本科	0.467*	0.019
间接购物环境	LSD	初中及以下	大专	−1.063*	0.004
		初中及以下	本科	−0.748*	0.028
		初中及以下	硕士及以上	−1.021*	0.003
感知质量	LSD	高中/职高/中专	硕士及以上	−0.563*	0.041

注：* 表示 $p<0.05$。

（3）消费者职业的差异分析。同样，对消费者职业差异采用单因素方差分析法进行研究得到如下结果：

根据方差齐次性检验结果，不同职业分组在直接购物环境、间接购物环境、内部感知公平、外部感知公平、品牌形象、感知质量、售后服务质量以及消费者幸福方面的数据都具有方差齐次性，显著概率均大于 0.05。因此，在两两比较结果中，研究读取 LSD 方法下的检验结果，将不同职业下具有显著统计差异的变量列示出来，如表 3-22 所示。

表 3-22　职业差异比较结果

变量	方法	职业（I）	职业（J）	Mean Difference（I-J）	Sig.
间接购物环境	LSD	个体经营者	其他职业	−0.95454545 *	0.016
外部感知公平	LSD	政府职员	学生	−0.93043478 *	0.048
品牌形象	LSD	政府职员	事业单位职员	0.93142857 *	0.045
		政府职员	其他职业	0.99636364 *	0.039
		事业单位职员	学生	−0.67577640 *	0.026
		学生	其他职业	0.74071146 *	0.024
消费者幸福	LSD	企业职员	学生	−0.48121857 *	0.031

注：* 表示 $p < 0.05$。

表 3-22 结果表明，在手机的间接购物环境的关注方面，个体经营者与其他职业人员存在较大差异；在外部感知公平方面，学生比政府职员更关注不同品牌手机的价格公平；在品牌形象方面，政府职员和学生这两类群体比其他职业人员更注重品牌形象，这可能是由于学生的相互攀比心理以及政府工作人员对其形象的要求所带来的结果。总体而言，不同的职业对手机品牌形象的关注程度不一样，这也说明以职业为依据进行手机市场细分的必要性。在消费者幸福方面，不同企业职员和学生这两类消费者群体存在着显著差异，学生群体具有较高的消费幸福，而像政府职员以及事业单位职员、个体经营者和其他职业人员的消费幸福并没有表现出差异性。

（4）消费者月收入水平的差异分析。对消费者月收入水平差异采用单因素方差分析法进行研究发现，不同月收入在直接购物环境方面的数据不具有方差齐次性，因而选取 Tamhane T2 法下的检验结果（p=0.019），而月收入分组在内部感知公平、外部感知公平、品牌形象、感知质量、售后服务质量以及消费者幸福方面的数据都具有方差齐次性。因此，对这些变量读取 LSD 方法下的检验结果。

根据 LSD 和 Tamhane T2 方法下的多重比较结果，研究发现不同的月收入水平对手机消费者在购物环境、感知价格公平、品牌形象、感知质量、售后服务质量以及消费者幸福方面都不存在显著差异。抛开样本的原因，这样的结果说明不同的月收入水平并不能影响手机消费者对手机消费体验过程的评价。

同样，通过对婚姻状况和消费者年龄的单因素方差分析发现，不同年龄和婚姻状况的消费者在购物环境、感知价格公平、品牌形象、感知质量、售后服务质量以及消费者幸福方面的差异并不显著，在此本书不再赘述。

综合上述人口统计变量的差异分析来看，性别和月收入水平等因素对手机消费体验过程的影响作用并不明显，而学历和职业在购物环境、品牌形象等方面有不同的影响作用。消费者幸福并没有因为人口统计变量的差异表现出显著的差异。因此，接下来本书将深入研究影响消费者幸福的手机消费体验过程因素。

3. 消费者幸福相关分析

本书利用 SPSS18.0 对样本数据中关于消费者幸福的前因变量、消费者幸福以及消费者幸福的结果变量之间的关系进行了相关分析，结果如表 3-23 所示。

表 3-23　整体相关性分析

变量		直接购物环境	间接购物环境	内部感知公平	外部感知公平	品牌形象	感知质量	售后服务质量	消费者幸福	品牌忠诚
直接购物环境	Pearson 相关	1								
	Sig.（双尾）									

续表

变量		直接购物环境	间接购物环境	内部感知公平	外部感知公平	品牌形象	感知质量	售后服务质量	消费者幸福	品牌忠诚
间接购物环境	Pearson 相关	0.319**	1							
	Sig.（双尾）	0.000								
内部感知公平	Pearson 相关	-0.101	-0.096	1						
	Sig.（双尾）	0.200	0.227							
外部感知公平	Pearson 相关	0.254**	0.193*	0.101	1					
	Sig.（双尾）	0.001	0.014	0.201						
品牌形象	Pearson 相关	0.258**	0.278**	0.132	0.313**	1				
	Sig.（双尾）	0.001	0.000	0.094	0.000					
感知质量	Pearson 相关	0.232**	0.372**	0.225**	0.294**	0.634**	1			
	Sig.（双尾）	0.003	0.000	0.004	0.000	0.000				
售后服务质量	Pearson 相关	0.256**	0.328**	0.092	0.459**	0.364**	0.590**	1		
	Sig.（双尾）	0.001	0.000	0.243	0.000	0.000	0.000			
消费者幸福	Pearson 相关	0.197*	0.264**	0.202*	0.307**	0.708**	0.760**	0.534**	1	
	Sig.（双尾）	0.012	0.001	0.010	0.000	0.000	0.000	0.000		
品牌忠诚	Pearson 相关	0.190*	0.266**	-0.062	0.260**	0.612**	0.559**	0.488**	0.654**	1
	Sig.（双尾）	0.016	0.001	0.432	0.001	0.000	0.000	0.000	0.000	
总体生活满意	Pearson 相关	0.265**	0.331**	0.182*	0.347**	0.555**	0.675**	0.529**	0.814**	0.554**
	Sig.（双尾）	0.001	0.000	0.020	0.000	0.000	0.000	0.000	0.000	0.000

注：** 表示相关的显著水平为 0.01 时（双尾检验），相关显著。* 表示相关的显著水平为 0.05 时（双尾检验），相关显著。

首先，通过表 3-23 可以看出，消费者幸福与直接购物环境、间接购物环境、内部感知公平、外部感知公平、品牌形象、感知质量以及售后服务质量都在 $p < 0.05$ 或 $p < 0.01$ 时达到显著相关，相关系数分别为 0.197、0.264、0.202、0.307、0.708、0.760、0.534，并且可以看到品牌形象、感知质量、售后服务质量与消费者幸福的相关系数均在 0.5 以上，故由此可推测，消费幸福与上述七个自变量之间存在一定的影响关系。

其次，在消费者幸福与消费者品牌忠诚之间，两者在 $p < 0.01$ 条件下达

到显著性水平，其相关系数为 0.654，由此可见，消费者幸福与消费者品牌忠诚之间具有一定的相关关系。

再次，在消费者幸福与消费者总体生活满意之间，两者在 p<0.01 条件下的相关系数为 0.814，达到显著相关水平。故可以表明，消费者幸福与消费者总体生活满意之间存在着紧密联系。

最后，观察直接购物环境、间接购物环境、内部感知公平、外部感知公平、品牌形象、感知质量和售后服务质量与消费者幸福之间的相关系数可以发现，上述七个自变量与消费者品牌忠诚的相关系数分别为 0.190、0.266、-0.062、0.260、0.612、0.559、0.488、0.654，除内部感知公平外，消费者品牌忠诚与其余自变量均存在显著相关关系。同样，消费者总体生活满意与各自变量之间也都存在显著相关性。

因此，下文将通过多元回归分析进一步检验直接购物环境、间接购物环境、内部感知公平、外部感知公平、品牌形象、感知质量和售后服务质量与消费者幸福以及消费者幸福与消费者品牌忠诚和消费者总体生活满意之间的影响关系。

4. 消费者幸福回归分析

（1）对消费者幸福的回归分析。根据前面相关性分析可见，消费者幸福与自变量之间存在显著相关关系。为了观察每个自变量对消费者幸福的影响作用，本书采取将所有自变量一起纳入分析的强迫进入法来进行回归分析。

对优化后的七个自变量进行消费者幸福的回归分析，由表 3-24 可知，七个自变量对于消费者幸福的影响具有高度的解释力，整体 R^2 达到 0.681，可以解释因变量 68.1%的变异，调整后的 R^2 也可以达到 66.6%。另外，消费者幸福回归分析中 D-W（Durbim-Watson）统计量为 2.042，而一般认为 D-W（Durbim-Watson）统计量在 2 附近时残差相互独立，不存在自相关问题，由此可见，消费者幸福回归方程不存在自相关问题。

表 3-24 消费者幸福回归模型检验

Model	R	R^2	调整后的 R^2	估计的标准误差	Durbin-Watson 检验
1	0.825ª	0.681	0.666	0.55137986	2.042

注：自变量：（constant）、售后服务质量、内部感知公平、直接购物环境、间接购物环境、品牌形象、外部感知公平、感知质量。因变量：消费者幸福。

由表 3-25 的模型显著性检验的结果可见，F 统计量的显著性水平 p = 0.000，说明模型回归效果显著，具有统计上的意义。

表 3-25 消费者幸福方差分析检验

	平方和	自由度	平均平方和	F 检验	显著性
回归	99.792	7	14.256	46.892	0.000
残差	46.819	154	0.304		
总和	146.611	161			

注：自变量：（constant）、售后服务质量、内部感知公平、直接购物环境、间接购物环境、品牌形象、外部感知公平、感知质量。因变量：消费者幸福。

在表 3-26 中，各自变量 VIF 在 1.121~2.422，根据统计检验的标准，方差膨胀因子（VIF）小于 10 而容忍度（Tolerance）大于 0.1 表示变量之间不存在多重共线性问题。所以，消费者幸福回归分析模型中各自变量不存在共线性问题。因此，由表 3-26 可以看出，在七个自变量中，品牌形象、感知质量和售后服务质量对消费者幸福具有显著正影响，标准化后的回归系数分别为 0.390、0.440、0.153；表明品牌形象、感知质量和售后服务质量越高，消费者幸福越高。从而验证前文 H4、H5、H6 成立。直接购物环境、间接购物环境、内部感知公平和外部感知公平对消费者幸福的影响并没有达到显著水平。所以，可得到标准化后的消费者幸福的回归方程：消费者幸福=0.390 品牌形象+0.440 感知质量+0.153 售后服务质量+残差 ε。

表 3-26   消费者幸福回归方程参数估计

变量	非标准化系数		标准化系数	t	Sig.	共线性诊断	
	B	标准误差	Beta			Tol	VIF
常数项	0.175	0.382		0.458	0.648		
直接购物环境	-0.030	0.057	-0.027	-0.530	0.597	0.826	1.211
间接购物环境	-0.048	0.054	-0.047	-0.898	0.370	0.772	1.295
内部感知公平	0.030	0.048	0.030	0.624	0.534	0.892	1.121
外部感知公平	-0.003	0.053	-0.003	-0.049	0.961	0.740	1.350
品牌形象	0.414	0.064	0.390	6.450	0.000	0.567	1.764
感知质量	0.492	0.079	0.440	6.215	0.000	0.413	2.422
售后服务质量	0.154	0.062	0.153	2.484	0.014	0.546	1.830

注：因变量：消费者幸福。

（2）对消费者品牌忠诚的回归分析。利用 SPSS18.0 对消费者品牌忠诚做相关和回归分析得到如下结果：

通过对消费者幸福与消费者品牌忠诚之间的相关分析可知（见表 3-27），消费者幸福与消费者品牌忠诚之间的相关系数为 0.654，表明两者呈显著正相关。同时由回归分析模型解释和方差分析结果（见表 3-28）可以看出，调整后的 R^2 为 0.424，说明自变量消费者幸福对因变量消费者品牌忠诚的整体解释为 42.4%，F 统计量达到显著性水平，说明消费者幸福对消费者品牌忠诚的解释力具有统计学上的意义。

表 3-27   消费者幸福与消费者品牌忠诚的相关分析

		消费者品牌忠诚	消费者幸福
消费者品牌忠诚	相关系数	1	0.654**
	Sig. （2-tailed）		0.000

续表

		消费者品牌忠诚	消费者幸福
消费者幸福	相关系数	0.654**	1
	Sig.（2-tailed）	0.000	

注：相关的显著性水平为 0.01（双尾）。

由表 3-28 可知，消费者幸福能够有效预测消费者品牌忠诚，Beta 系数为 0.654，表示消费者幸福越高，消费者品牌忠诚度越高，即 H6 得到验证。

表3-28　消费者幸福与消费者品牌忠诚的回归分析

变量	非标准化系数		标准化系数	t	Sig.
	B	标准误差	Beta		
常量	0.701	0.346		2.028	0.044
消费者幸福	0.756	0.069	0.654	10.934	0.000
调整后的 R²	0.424				

注：因变量：消费者品牌忠诚。

（3）对消费者总体生活满意的回归分析。根据模型假设，利用 SPSS18.0 对消费者总体生活满意进行回归分析得到如下结果：

表 3-29 表明消费者幸福和消费者总体生活满意之间呈显著正相关关系，相关系数为 0.814，因此可以进一步验证两者之间的影响关系。

表3-29　消费者幸福与消费者总体生活满意的相关分析

		消费者幸福	消费者总体生活满意
消费者幸福	相关系数	1	0.814**
	Sig.（2-tailed）		0.000
消费者总体生活满意	相关系数	0.814**	1
	Sig.（2-tailed）	0.000	

注：相关的显著性水平为 0.01（双尾）。

由表 3-30 分析系数估计结果可知，消费者幸福对消费者总体生活满意具有明显影响作用。调整后的 R^2 为 0.661，说明自变量消费者幸福对因变量消费者总体生活满意的整体解释力为 66.1%，F 统计量的 p 值等于 0.000，达到显著水平，说明该解释力具有统计上的意义。Beta 值达到 0.814，表示消费者幸福得分越高，消费者总体生活满意程度越高，即 H7 成立。

表 3-30　消费者幸福与消费者总体生活满意的回归分析

变量	非标准化系数		标准化系数	t	Sig.
	B	标准误差	Beta		
常量	1.185	0.221		5.358	0.000
消费者幸福	0.786	0.044	0.814	17.758	0.000
调整后的 R^2	0.661				

注：因变量：消费者总体生活满意。

通过对消费者幸福前因与消费者幸福、消费者幸福结果与消费者幸福之间的分析结果可以看出，影响消费者幸福的因素主要有品牌形象、感知质量和售后服务质量；消费者幸福对消费者品牌忠诚和消费者总体生活满意也具有一定程度的影响。综合上述研究结果，表 3-31 给出研究假设的验证结果。

表 3-31　研究假设检验结果

	检验关系	标准化路径系数	结果
H1	直接购物环境→消费者幸福	-0.027（0.597）	不支持
	间接购物环境→消费者幸福	-0.047（0.370）	
H2	内部感知公平→消费者幸福	0.030（0.534）	不支持
	外部感知公平→消费者幸福	-0.003（0.961）	
H3	品牌形象→消费者幸福	0.390（0.000）**	支持
H4	产品感知质量→消费者幸福	0.440（0.000）**	支持
H5	售后服务质量→消费者幸福	0.153（0.014）*	支持
H6	消费者幸福→消费者品牌忠诚	0.645（0.000）**	支持
H7	消费者幸福→消费者总体生活满意	0.814（0.000）**	支持

注：* 表示 p<0.05，** 表示 p<0.01。

接下来，将对上述数据分析结果进一步进行解释和讨论。

四、分析结果讨论

经过以上数据分析，本书主要得到以下结果：

首先，在因子分析阶段，发现影响消费者手机消费幸福的购物环境因素可以进一步划分为两个子维度，即直接购物环境和间接购物环境；感知公平可以划分为对同一手机品牌的价格感知公平和品牌间的感知价格公平两个方面。尽管在回归分析结果中发现上述四个子维度对消费者幸福的回归系数并不显著，但是通过研究变量之间的相关分析可以发现，直接购物环境、间接购物环境、内部感知公平、外部感知公平这四个变量与消费者幸福有显著相关性，其相关系数分别为 0.197、0.264、0.202、0.307，这说明此四个变量与消费者幸福存在一定的关系，而且一些学者的研究也证明了这种关系。Bitner（1992）研究发现，消费者对实体环境（如音乐、温度、空气、亮度等）的感受会直接影响他停留在这个环境的意愿；叶俊廷（2004）也指出气氛会正面影响顾客综合满意度，在此处实体环境以及气氛都与研究中的直接购物环境相关。在感知价格公平方面，Kelly 和 William（2006）在其研究中指出价格公平感正面影响购买的满意度；Andreas 等（2007）通过对汽车销售过程中的定价过程和价格结果感知公平研究了价格公平感和满意度之间的关系，其认为定价过程和结果公平都会对消费者总体满意度产生正面影响。在研究数据分析结果中，这四个影响因素对消费者幸福的影响没有得到验证，研究认为可能存在两个方面的原因：一是此四个变量属手机购买前后阶段，消费者对这两个阶段影响因素的感知已经较为模糊，因此其对幸福的影响也就被弱化；二是与其他一些研究对象相比，手机消费者在主观上对购物环境以及内外部感知公平的关注程度较低，因此其对消费者幸福的影响也就不显著。因此，综合研究和相关学者研究结论，本书认为直接购物环境、间接购物环境、内部感知公平和外部感知公平四个研究变量对消费者幸福的影响需要进一步深入研究。

其次，通过回归分析发现，手机消费体验过程中的拥有、使用和维护阶段的相关因素对消费者幸福有显著影响。具体来说，手机的品牌形象、手机的感知质量和手机的售后服务质量对消费者幸福产生正面影响。感知质量对消费者幸福的影响最大，影响效应为0.440；紧接着是品牌形象，其影响效应为0.390，如果消费者的自我认知与品牌形象一致，那么消费者就会产生强烈的品牌归属感，因而消费者会从品牌消费中获得更多的幸福；相反，如果品牌形象不符合消费者的自我认知，那么品牌形象就不会带给消费者幸福。同样，售后服务质量对消费者幸福也有一定的影响，其作用大小为0.153，这说明作为产品消费的附加利益，售后服务质量已经成为消费者获取幸福的一个重要影响因素。

再次，手机消费幸福会进一步影响消费者对手机品牌的忠诚和消费者总体生活满意状况。根据回归分析结果，消费者幸福对消费者品牌忠诚的影响效应为0.645，由此可见消费者幸福对消费者品牌忠诚产生的正面影响，同时也说明企业加强消费者幸福营销的重要意义。同样，手机的使用和消费已经成为人们日常生活中不可或缺的一部分，因此作为一个子维度，消费对个人的总体生活质量和满意状况也存在显著的影响，其效应达到0.814，说明消费已经成为个人生活满意度的一个重要来源。

最后，在个体差异方面，除了部分学历层次的消费者表现出对购买阶段环境关注程度的不同外，其手机消费幸福并没有显著差异。研究发现，不同性别、年龄以及月收入水平的消费者在手机消费体验带来的幸福上不具有明显的差异。只是在企业人员和学生两个社会群体之间，其手机消费体验过程以及由此产生的幸福体现出一定的差异。

根据上述结果讨论，本书提出的消费者幸福测量模型可以得到改进后待验证的模型，如图3-2所示，其中直接购物环境、间接购物环境、内部感知公平、外部感知公平与消费者幸福之间的数字关系体现为它们之间的相关系数，品牌形象、感知质量以及售后服务质量与消费者幸福之间的数字关系体现为标准化后的回归系数。

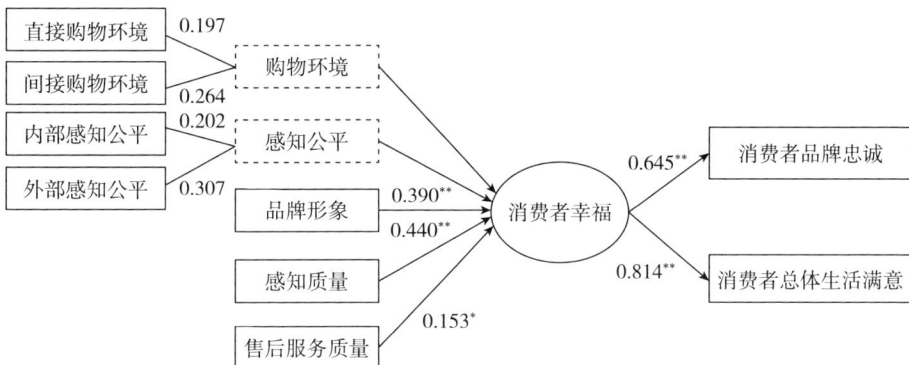

图3-2 改进后待验证的消费者幸福测量模型

第三节 手机购买的消费者幸福研究结论与启示

本部分在数据分析的基础上对研究结果进行进一步总结，得出研究的主要结论；然后讨论本书结论在实际意义层面所带来的启示，以及对本书的局限和未来进一步研究的方向进行说明。

一、手机购买的消费者幸福研究结论

消费者幸福作为衡量宏观营销对整个社会经济系统贡献的一个绩效指标，受到越来越多学者和实践人员的关注。对微观个体的研究是进行宏观研究的基础，因此有必要从微观的角度去测量消费者幸福状况。

本书以心理学、消费者行为学、市场营销学为理论基础，在理论分析和文献分析的基础上，构建了消费者幸福测量模型，并通过对部分城市的手机消费者进行问卷调查，讨论了消费者幸福影响因素及影响机制，并得到以下结论：

（1）拓展并部分地验证了测量消费者幸福的理论模型。以国外学者开发的消费体验五阶段模型为理论，对消费体验过程中每个阶段的主要影响因素进行理论提取并进行数据因子分析，得到了影响消费者幸福的七个变量，即直接购物环境、间接购物环境、内部感知公平、外部感知公平、品牌形象、感知质量以及售后服务质量，其与消费者幸福均存在显著相关关系，因此验证了被众多学者采用的消费体验过程五阶段模型。

（2）验证了满意层级（自下而上溢出）模型。本书以满意层级模型构建了消费者幸福的结果变量——消费者总体生活满意，通过数据分析结果证实消费者幸福对消费者总体生活满意产生重要影响作用，这进一步证实了满意层级模型的理论基础。

（3）手机品牌形象、手机感知质量以及售后服务质量对消费者幸福有重要影响作用。消费者在购买商品时既追求产品实质利益又希望更多地获取心理利益，因此消费者不仅对产品质量、售后服务质量格外地关注，其还对品牌利益有着一定的诉求。本书的研究结果更加证实了这一理论，因而实质利益和心理利益成为决定消费者幸福的重要因素。

（4）消费者幸福对消费者品牌忠诚具有显著影响效应。在本书中，消费者幸福的另一结果变量便是消费者品牌忠诚，尽管很多研究表明满意与忠诚之间具有相互影响的关系，但是目前在消费者幸福与消费者品牌忠诚之间的研究还比较少，因此在本书中进行了探索性的研究，结果显示较高的消费者幸福会产生较高的品牌忠诚度。

总之，实证研究结果既部分地验证了以前学者在理论构建和实证研究中的成果，又对前人研究进行了进一步的理论拓展和探索，能够为国内进行消费者幸福本土化研究提供一定的帮助。

二、手机购买的消费者幸福研究启示

研究既探讨了消费者幸福的相关理论，又研究了消费者幸福的影响因素，在丰富国内关于消费者幸福研究的学术研究成果的同时，也能为实践提供一些借鉴。

1. 对消费者的启示

现今社会，每一个个体都是消费者，作为行为主体，消费者自身的行为和心理都对自身幸福体验有重要的影响。因此，从提升消费者自我幸福的角度思考研究结论，消费者应该做到以下两点：

第一，正确认识自己，树立合理的消费观念。消费者幸福是消费者对消费过程的体验，是自己心理感受的反映。因此，消费者幸福很大程度上受到自身特征的影响。消费者只有正确认识自己的物质和精神需求，树立合理的消费观念，选择合适的消费方式，才能对自己的行为方式和心理体验有正确的认识。这样才能从根本上提高自身幸福水平。

第二，注重消费体验，合理决策。消费体验过程理论认为，消费者幸福来自体验。然而奚恺元等（2008）认为，追求幸福就像玩积木一样，既要想办法增加手中的积木，更要想办法有效地组合手中现有的积木，构造出更加幸福美好的生活。从这个角度考虑，消费者不仅应该重视体验数量，更应该注重体验质量，即从消费中寻求与众不同的多样化体验。以手机消费为例，目前很多智能手机不仅具备大众化的功能，其还具有消费者"设计"功能，消费者可以通过自己选择手机软件和制作个性铃声来满足对手机功能的需求，从这个意义上说，消费者从体验过程能够获取更多的幸福。

2. 对手机市场的启示

目前随着科技进步和市场的饱和，手机行业的竞争越来越激烈。在中

国手机市场上，国内品牌和国外品牌相互竞争，国内手机厂商占据了主要的中低端市场，而国外手机厂商则占据了主要的高端市场。这些品牌通过不同的营销手段和利益诉求方式展开了对市场份额的争夺。根据工信部在官网上发布的 2019 年通信业经济运行情况，1~4 月，3 家基础电信企业完成移动数据及互联网业务收入 2055 亿元，同比增长 1.7%，在电信业务收入中占比达 46%，拉动电信业务收入增长 0.8 个百分点①。但是谁能在激烈的竞争中取胜，最终还应该看消费者的反映。在消费者越来越重视生活质量的时代，消费者幸福营销的观念为手机市场的营销带来了新的启示。

首先，以科技实力提升产品质量和企业竞争实力。产品质量是保证企业占有市场，从而能够持续经营的重要影响因素，也是企业核心竞争力的体现。任何产品的竞争都要以质量为基础，手机市场也不例外。从本书调查结果来看，使用诺基亚手机的消费者占到样本总量的 50%，这在一定程度上代表了诺基亚手机的市场份额。如果继续考虑深层次的原因就会发现，这是企业自身实力的表现。众所周知，诺基亚手机以耐用、抗摔、功能完美、性价比高而著称，这便是企业科技实力带来的价值。根据本书的研究结果，产品感知质量对消费者幸福的影响最大，这说明消费者在购买手机时还是最看重手机质量，因而在手机市场上，企业必须把产品质量放在第一位，这样不仅带给厂商更多更长远的利益，手机消费者也能获取更多的幸福。

其次，注重品牌形象的宣传和引导。作为连接消费者和企业的纽带，品牌承担着传递情感、表达意义、展现认同等很多与产品本身的功能属性无关的作用，这赋予了品牌形象更多的企业使命，而研究结果也证明了这一点。当前手机市场中，诺基亚与"钻石"、LG 常与红酒和时装模特、多普达与"成功、商务"、索爱与"运动"的结合都代表了不同的价值利益。因此，消费者会通过他们购买的手机展现自己的身份或表达自己的个性。

---

① https：//www.sohu.com/a/316194189_ 120055260.

注重品牌形象的宣传和引导，就是要进行合理的市场细分和产品定位，向消费者准确传达其核心利益诉求。

最后，提高售后服务意识和服务质量。售后服务是消费者获取的附加利益，其对消费者幸福起到一定的影响作用。《中国消费者报告2010》指出，如今的消费者不仅注重产品本身的质量，并且还注重购买时以及购买后的服务。因此，提高售后服务质量成为提升手机市场竞争力的重要方面。

总之，在某种程度上，品牌、质量与个人风格越来越成为影响消费者购买的因素，因而企业要想生存与发展，就必须要重视企业品牌形象、企业产品质量的提升，否则因为一次质量问题，便可严重损害他们的品牌形象。

第四节　手机购买的消费者幸福研究局限

目前，国内外关于消费者幸福的研究已经涉及心理学、经济学、消费者行为、广告、市场营销等多个学科领域，虽然我们尽可能广泛借鉴国内外的相关成果，但由于研究能力和研究条件的限制，研究中难免存在局限性和不足。这些局限性主要体现在以下几个方面：

首先，本书所提出的模型是借鉴不同领域的理论和研究成果，尽管在消费者幸福的前因研究中考虑了大部分因素，但是还有相当一部分因素如人格特质、社会文化和经济等也会对幸福产生影响，鉴于研究的目的和规范性等问题，本书并没有一一考虑。

其次，本书采用的量表是在国外研究成果基础上进行的改进和取舍自编而成的，这难免会产生偏差；尽管本书采用CITC和因子分析方法对问项进行了反复测量和调整，但是仍需要对相关测量项目进行更加细致和周密的设计。同时由于本书主要采用网络问卷作答的形式，这难免受到作答者个人主观判断以及相关作答情境的影响，因此，本书的问卷信度和效度还需要进一步完善。

最后，研究以手机消费为例进行的样本数据收集，虽然在不同省份的城市进行了抽样，但是出于对时间和成本的考虑，样本数据收集不具规模而且多采用网络问卷形式，这存在着一定的局限和偏差。手机购买体验的消费者幸福研究仅是特定产品的局限性研究，但不足以代表全部品类的消费者幸福，其研究结论也不具有普遍适用性。

关于消费者幸福的研究在国内才刚刚兴起，在本书进行的研究过程中，深切地感受到消费者幸福是一个复杂的综合性概念，许多层面的因素还有待进一步研究。

（1）本书只是对消费者幸福影响因素进行了简单数据分析，许多层面的因素还没有考虑其中，因此在后续研究中可以进一步扩展研究框架。比如研究结果讨论中对测量模型的修正之处就需要进一步检验。

（2）对消费者幸福的内部影响机制进行进一步细化研究。本书是通过理论回顾和实证检验得出直接和间接购物环境、内部和外部感知价格公平、品牌形象、感知质量、售后服务质量七个影响因子，但是对于消费者幸福的构成维度以及这些因子对其影响的机制并没有在本书中得到展现，还需要进一步深入和细化。

（3）消费者幸福与顾客满意度一样是一个综合性构念，因此消费者幸福的研究可以像顾客满意度研究思路一样，通过理论演化逐步向指数化研究、结构化研究发展。

第四章 基于绿色管理的汽车购买消费者幸福研究

第一节 汽车购买的消费者幸福研究理论基础

一、消费者幸福与消费者购买决策

消费者行为是一个复杂的过程。在社会生活中，任何个人都必须不断消费各种物质生活资料，以满足其生理及心理需要。"对消费者行为的研究涉及多门学科，如心理学、社会学、人类学和经济学。这些学科是消费者行为研究的主要理论来源"（符国群，2004）。

Engel 等（1995）、郑玲等（2019）认为，消费者行为是指消费者为获取、使用、处置消费者物品或服务所采取的各种行动，包括先于这些行动的决策过程，以及消费后的评价过程。Nicosia（1966）、郑玲（2019）认为消费者行为是以非转售为目的的购买行为。Schiffman 和 Kanuk（1994）认为消费者行为是消费者为了满足需求，所表现出对产品、服务、构想的寻求、购买、使用、评价和处置等行为。江林（2002）、卫海英和毛立静（2019）指出，消费者购买行为是指消费者为满足自身需要而发生的购买和使用商品的行为活动。

消费者行为既富有多样性，又很复杂。多样性表现为不同消费者在需求、偏好以及选择产品的方式等方面各有侧重、互不相同，同一消费者在不同时期、不同情境、不同产品的选择上，其行为也呈现很大的差异性。消费者行为的复杂性，一方面可以通过它的多样性、多变性反映出来，另一方面也体现在它受很多内、外部因素的影响，而且其中很多因素既难识别，又难把握。消费者行为均受动机的驱使，但每一行为后的动机往往是隐蔽和复杂的。同一动机可以产生多种行为，同样，同一行为也可以由多种动机所驱使。不仅如此，消费者行为还受各种文化的、经济的、个体因素所影响，而且这些因素对消费者行为的影响有的是直接的，有的是间接的，有的是单独的，有的则是交叉或交互的。正是这些影响因素的多样性、复杂性，决定了消费者行为的多样性和复杂性（符国群，2004）。

学者们至今为止，揭示了消费者购买行为中的很多共性和特性，形成了众多消费者购买行为模式，比较广泛运用的有以下四种消费者购买行为模式：Kotler（2003）购买行为模式、Nicosia（1982）购买行为模式、Engel 等（1969）购买行为模式、Howard 和 Sheth（1969）购买行为模式（程华，2004）。Kotler（2003）模式的主要贡献在于，他提出了消费者购买行为的一般模式，这一模式成为研究消费者购买行为的基础。他认为，消费者是受到刺激，经过一系列的心理活动之后导致购买行为，研究消费者行为是一个了解消费者黑箱的过程（程华，2004；神铭钰、赵聪聪，2021）。Nicosia（1997）模式强调消费者在决策过程中通过厂商所提供的信息形成态度，消费者搜集各种相关信息产生动机，在综合考虑地点、价格、商店服务、广告和促销等因素的基础上产生购买决策，厂商的有关信息对消费者态度有极大的影响。江林（2002）认为，Howard 和 Sheth（1969）模式与 Engel 等（1968）模式有许多相似之处，但也有诸多不同，两个模式的主要差异在于强调的重点不同。Engel 等（1968）模式强调的是态度的形成与产生购买意向之间的过程，认为信息的收集与评价是非常重要的方面；Howard 和 Sheth（1969）模式更加强调购买过程的早期情况，关注知觉过程、学习过程及态度的形成，指出影响消费者购买行为各种因素之间的联系错综复杂，认为只有把握多种因素之间的相互关系及联结方式，才能揭示消费者购买行为的一般规律（江林，2002；程华，2004；曹瑞等，2013）。尽管消费者行为受各种变量的影响，但消费者行为模式为企业了解消费者购买行为的产生、发展趋势及规律性，提供了脉络清楚的参考依据，便于企业在千变万化的消费者购买行为中，准确把握内在规律，做出正确的判断及最佳营销决策。消费者的购买决策是在特定的心理机制驱动下，按照一定程序发生的心理与行为活动过程。这一过程包括若干前后相继的程序或阶段。消费者购买决策的运行规律即蕴含于这些程序之中（Son，2016；Hwang et al.，2019；江林，2002；王晓武等，2019）。

二、消费者幸福作用机理和划分阶段

本书关注消费者购买过程的两个关键环节，它们是消费者购物态度和购买决策，其中对消费者幸福前因的研究是关注消费者的购物态度，对消费者幸福产生过程，以及消费者幸福影响因素对消费者购买影响关注的是购买决策，两者形成一个有机整体。Sirgy 和 Lee（2003）将汽车消费对消费者的认知生活质量的影响，划分为购买、使用、所有和维护汽车四个阶段的满意度。Grzeskowiak 等（2006）根据消费者/产品生命周期模型构建和验证了住房幸福模型。他们将住房幸福界定为家庭居民与购房、入住、维护、所有和转卖相关的正面和负面的累积情感，划分了住房消费的五个阶段。Lee 等（2002）提出，消费者幸福是衡量消费者市场活动体验过程的满意度。该模型的理论假设是消费者会对其获取、拥有、使用、维护、处理商品和服务等过程产生满意或不满，并且这些过程总的体验满意度会影响消费者的整体生活满意度，这一研究将消费过程划分为五个阶段。针对298名大学生的调查研究了大学生消费过程的三个阶段：获取、拥有和消费，认为一个人在消费生活领域的满意是其整体生活满意度的重要组成部分（Sirgy et al.，2007；Tsuruta et al.，2019）。基于以上学者的研究，研究从消费者购买的三个典型阶段（分别是购买前、购买中和购买后）着手研究消费者幸福，通过这三个购买阶段剖析消费者幸福作用机理。

第二节　汽车购买的消费者幸福研究假设

一、感知价值对消费者幸福的影响

Zeithaml（1988）从消费者心理的角度，研究了消费者感知价值。他将消费者感知价值定义为消费者所能感知到的利得与其在获取产品或服务时所付出的成本进行权衡后对产品或服务效用的总体评价。他认为，在企业为消费者设计、创造、提供价值时应该从消费者导向出发，把消费者对价值的感知作为决定因素。消费者价值是由消费者而不是由企业决定的，消费者价值实际上是消费者感知价值。Zeithaml（1988）通过大量的实证研究得出了一些结论：价值中收益成分包括显著的内部特性、外部特性、感知质量和其他相关的高层次的抽象概念；感知价值中所付出的包括货币成本和非货币成本；外部特性是"价值信号"，能够在一定程度上取代消费者在收益与成本之间进行的费神的权衡；价值感性认识依赖于消费者进行估价的参照系，即依赖于进行估价的背景。可以看出，Zeithaml（1988）通过引入心理学元素（如感知、权衡、评价）和经济学的元素（如收益、成本、效用），丰富了价值概念。他将消费者而非企业置于决定性地位，完全站在消费者角度去审视公司为消费者设计、创造、提供的价值，强调了消费者导向和消费者对价值能否感知的重要性。

Zeithaml（1988）认为，在企业为消费者设计、创造、提供价值时应该从消费者导向出发，把消费者对价值的感知作为决定因素。消费者价值是由消费者而不是供应企业决定，消费者价值实际上是消费者感知价值（Customer Perceived Value，CPV）。Zeithaml（1988）在一项探索研究中根据消费者调查总结出感知价值的四种含义：①价值就是低廉的价格。一些消费者将价值等同于低廉的价格，只要是打折、超低价的产品，就是具有高价值，表明在其价值感受中所要付出的货币是最重要的。②价值就是想从产品中获取的东西。与关注付出的金钱不同，一些消费者把从服务或产品所得到的利得看作最重要的价值因素，这实际和经济学中对效用的定义一样，是对从消费产品中获得满意程度的主观衡量。③价值就是所付出的价格而得到的品质。有的消费者将价值概念化为"付出的金钱"与"获得的质量"之间的权衡。以最低价格得到有品质的产品，即是有价值。④价值就是全部付出所能得到的全部。一些消费者描述价值时考虑的既有其付出的因素（时间、金钱、努力），还有其得到的利得。

质量模型认为高质量的消费品和服务是消费者幸福的主要影响因素。在一本由消费者联盟出版的月刊杂志——《消费者报告》上，提供了专家对各种各样的商品或服务质量的评估结果，专家对商品质量进行评估的常见内容包括产品的可靠性、耐用性和安全性，存在故障或不安全产品会对消费者幸福有负面影响。此外，拥有者的满意是评估产品质量的另一个方面。

Meadow（2008）总结了一种消费者幸福测量方法——消费者全面满意度复合模型，测量主要是根据消费者对食品、住房、家具、服饰、个人护理、医疗、娱乐、交通、教育等项目的消费和购买时的体验。关于模型的理论假设是，如果各个零售商提供的商品和服务能够使消费者满意，那么消费者幸福就较高。其以 249 位老年消费者作为样本，证明了生活满意度（或主观生活质量）可以通过消费者对当地零售机构的满意状况来进行预测。

Sirgy 等（2006）认为，一个具有高水平消费者幸福的国家大部分是因为其国民的基本所需和非基本所需都能由商品和服务所满足。也就是说，商品价值的感知影响消费者幸福。感知价值模型认为，就某一特定商品而言，消费者幸福在一定程度上是由该产品带给消费者各个生活领域（如工作、休闲、家庭）的满意度决定的，而产品对某个特定生活领域的满意度影响是由感知利益和感知成本决定的。基于这一理论，Sirgy 等（2007）对互联网幸福进行了测量研究。网络幸福的测量理论假设是网民对互联网的总体感知效果是由网民对网络在其各个生活领域感知到的影响决定的。因此，网络幸福衡量的是消费者在各个生活领域的总体感知价值。高水平的感知价值代表的是高水平的网络幸福。在实证上，为了有助于网络幸福的测量发展，学者们以大学生为研究对象，实证研究结果验证了网络感知利益和感知成本对消费者幸福的积极影响。

由此可见，感知价值对消费者幸福的形成有着重要影响，消费者的感知价值对消费者幸福有直接影响。

H1：感知价值对消费者幸福有积极正向影响。

H1a：感知价值对消费者购买前幸福有积极正向影响。

H1b：感知价值对消费者购买中幸福有积极正向影响。

H1c：感知价值对消费者购买后幸福有积极正向影响。

二、消费情绪对消费者幸福的影响

Westbrook（1987）最早提出产品属性会引发消费情绪，并将引发消费情绪的原因分为三种：营销者（卖方）、消费者自身和情境，在这三种归因中，他认为只有产品或卖方引发的负面情绪对购后行为有重要的影响，因此只对这一归因的负面情绪进行了研究。他认为，不同的原因会产生不同类型的负面情绪，例如汽车过保修期后出了故障，当消费者归因于营销者（制造商）时，会产生生气（Anger）、恶心（Disgust）、蔑视（Contempt）的情绪；当归因于自身时，会产生内疚（Guilt）、羞愧（Shame）的情绪；当归因于情境时，会产生害怕（Fear）、悲伤（Sadness）的情绪。然而对于正面情绪，消费者虽然不会去寻找原因，但是会产生与引发情绪刺激相关的购后行为。在随后有关产品消费情绪的研究中，很多学者都认为产品属性会引发消费情绪。其中，Mano 和 Oliver（1993）沿用 Weatbrook（1987）对情绪三种归因的看法，虽然考虑了更多的负面情绪，但是在他的模型中所研究的情绪原因，还是消费者对属性的满意与不满意。此外，消费者对产品的实用性和享乐性的评价、对产品类别的界定（产品是必需品还是奢侈品），也会引发情绪（Mano and Oliver，1993）。除了产品属性之外，在服务消费或商店购物过程中，服务场景（即商店环境）也会引发消费情绪。

在消费者的态度研究上，Peterson 和 Ekic（2007）根据 Gaski 和 Etzel（1986）开发的消费者营销情绪指数（ICSM）的概念提出，消费者的态度（即 ICSM）能够有效反映消费者的幸福状况。为了检验假设，他们在土耳其进行了数据收集的工作，调查结果对他们的假设提供了有效支持。

Sirgy 等（2007）认为，消费者信心指数、消费者期望指数可以作为衡量消费者幸福度的指标。Peterson 和 Ekic（2007）认为，一个国家高水平的营销情绪指数同样也表明了其高水平的主观幸福。消费者对营销活动的积极情绪可以作为市场营销体系在传递消费者福利方面的一种积极信号，至少可以表现为在购买商品和服务方面的积极信号，反之亦然。为了检验这一假设，消费者数据收集的工作被安排在土耳其进行。调查结果对这一有趣的假设提供了支持。因此，消费者的营销情绪指数也可以作为消费者幸福的衡量尺度，一国消费者积极的营销情绪也意味着更高水平的主观幸福。

鉴于以上学者的研究，本书提出如下假设：

H2：消费情绪对消费者幸福有积极正向影响。

H2a：消费情绪对消费者购买前幸福有积极正向影响。

H2b：消费情绪对消费者购买中幸福有积极正向影响。

H2c：消费情绪对消费者购买后幸福有积极正向影响。

三、消费环境对消费者幸福的影响

消费环境包括有形的商场环境和无形的服务环境。基于体验过程的消费环境，具体来说，是指服务消费中的环境，主要包括三类因素，第一类是周围因素，包括灯光、温度、背景音乐和气味；第二类是设计因素，包括色彩、装修、装饰、陈设和店内的拥挤程度；第三类是社会因素，主要包括销售人员与消费者的相互作用，如销售人员的反应和情绪表现（Bitner，1992；Son，2016）。Sirgy（2006）以及 Sirgy 和 Cornwell（2001）、Carola 和 Tim（2018）的研究认为，消费者幸福是消费者对其所在地的各种商品零售和服务机构满意度的直接体现。陈惠雄教授根据快乐（幸福）产生原因的主体客观性与满足主体快乐对象客观性的理论提出，影响快乐（幸福）的因子有健康、亲情、收入、职业环境、社会环境和自然环境。绝大多数人都能够从优质的食物、洁净的环境、宽敞的居所等这些对象与状态中感受到快乐（幸福）。

Day（1987）、Leelakulthanit 等（1991）把 CWB 定义为消费者对获取和占有商品和服务的满意度。获取满意度是指消费者对其在购买商品及服务时所体验到的满意程度；拥有维度的满意是指一种对物质财富的所有权带来的满足感。获取满意度主要包括四个层面：①对当地商店的商品种类、质量、价格等是否满意；②商店的吸引力程度；③商店人员是否礼貌并热心助人；④商店的售后服务质量（如保修和退换货）。这四个方面均与消费环境有着密切关系。

Sirgy 等（2004）认为，一个具有高水平消费者幸福的国家大部分是因为其国民的基本所需和非基本所需都能由商品和服务所满足。研究认为，满足基本所需的相应指标是住房质量、基础设施的质量和其他福利指标。这些条件的满足对消费者幸福的满足有积极作用。

鉴于学者们的研究，本书提出如下假设：

H3：消费环境对消费者幸福有积极正向影响。

H3a：消费环境对消费者购买前幸福有积极正向影响。

H3b：消费环境对消费者购买中幸福有积极正向影响。

H3c：消费环境对消费者购买后幸福有积极正向影响。

四、物质拥有对消费者幸福的影响

物质拥有是指消费者对物质的占有欲望和占有程度，它包括消费者对产品的品牌和声誉的认知，以及产品的多样化和可选择程度。Nakano 等（1995）、Sirgy 等（1998）、杨爽和郭昭宇（2018）等认为，消费者对耐用消费品和其他物质财富的拥有情况会影响消费者的幸福水平，个人对物质拥有方面的满足感会带来总体生活满意或幸福。Huffman 和 Kahn（1997）、Lehmann（1998）认为，消费者感知多样性影响消费者幸福，而感知多样性包括适度的可选择商品数量和有着合理可区分度的商品。Desmeules（2002）把他们的研究基础上升到战略层面，认为适当的多样化选择战略影响消费者幸福，并对消费者总体幸福有积极影响。然而，在这一领域，Richins 等（1992）对物质主义消费观和生活幸福（满意）之间关系的研究结果发现，在消费时，高物质主义者比低物质主义者更难获取正面的情感，而且在购物后，高物质主义者比低物质主义者会有更强烈的如焦虑、挫折、内疚等负面感觉。

Sirgy 等（1998）、卫海英等（2018）把研究的重点放在了消费者群体对物质财富拥有的心理体验上，他们一致假定个人对物质拥有方面的满足会使其总体生活满意。进一步假设，是否具有物质主义的观念会对一个人的生活满意程度产生作用（如与所有权相关的情感强烈程度）。具体来说，就是财富在影响整体生活满意度方面对物质主义追求者的影响更为强烈。此外，学者们还假定对物质占有的强烈程度也会影响满意程度的大小，即那些更喜欢追求物质财富的人可能对现状不会感到满足，因为他们的期望太高。在实证方面，该模型的检验主要是通过对 300 名高校学生的调查完成的，结果同样支持该模型的假设。

Day（1987）、Leelakulthanit 等（1991）、王晓武等（2019）把 CWB 定义为消费者对获取和占有商品和服务的满意度。获取满意度是指消费者对其在购买商品及服务时所体验到的满意程度；拥有维度的满意是指一种物质财富所有权带来的满足感。获取满意度主要包括四个层面：①对当地商店的商品种类、质量、价格等是否满意；②商店的吸引力程度；③商店人员是否礼貌并热心助人；④商店的售后服务质量（如保修和退换货）。同样，拥有满意度也包括许多子层面，如对房屋或公寓、家具、汽车或货车、服饰、储蓄等各方面的满意。

Sirgy 等（2004）认为，一个具有高水平消费者幸福的国家大部分是因为其国民的基本所需和非基本所需都能由商品和服务所满足。消费者幸福的这种定义可以进一步划分为两个方面的指标，即基本需求的满足和非基本所需的商品和服务的可获得性。满足基本所需的相应指标是住房质量（人居住房面积，像管道、暖气等房屋设施）、基础设施的质量（如公共交通、电信、公共安全、自来水和能源等可用性和质量）和其他福利指标。非基本所需的商品和服务的可获得性指标包括消费者信心指数、消费者期望指数、消费者物价指数和其他生活成本测量指标。

学者们对物质占有对消费者幸福的影响意见不一致。研究认为，物质拥有，特别是高档消费品的拥有，无疑有利于消费者幸福的提高。在研究中将消费者幸福划分为三个阶段，即购买前、购买中和购买后三个阶段，即消费者幸福是三个因子的二阶潜变量。因此，本书提出如下假设：

H4：物质拥有对消费者幸福有积极正向影响。

H4a：物质拥有对消费者购买前幸福有积极正向影响。

H4b：物质拥有对消费者购买中幸福有积极正向影响。

H4c：物质拥有对消费者购买后幸福有积极正向影响。

综上所述，本书认为，感知价值、消费情绪、消费环境和物质拥有对消费者幸福有着积极正向影响，他们对消费者购买前、购买中和购买后幸福有促动作用。本书将对消费者幸福前因和消费者幸福的关系进行探讨，挖掘两者之间的内在影响机制和影响机理。当然，物质拥有、消费情绪、消费环境和感知价值之间相依相存、紧密相关，任何一方面不理想都会影响消费者幸福，它们之间两两相关。因此，本书提出如下假设：

H5a：感知价值和消费情绪之间呈正相关。

H5b：感知价值和消费环境之间呈正相关。

H5c：感知价值和物质拥有之间呈正相关。

H6a：消费情绪和消费环境之间呈正相关。

H6b：消费情绪和物质拥有之间呈正相关。

H7：消费环境和物质拥有之间呈正相关。

现将所有假设关系标示，如图 4-1 所示。

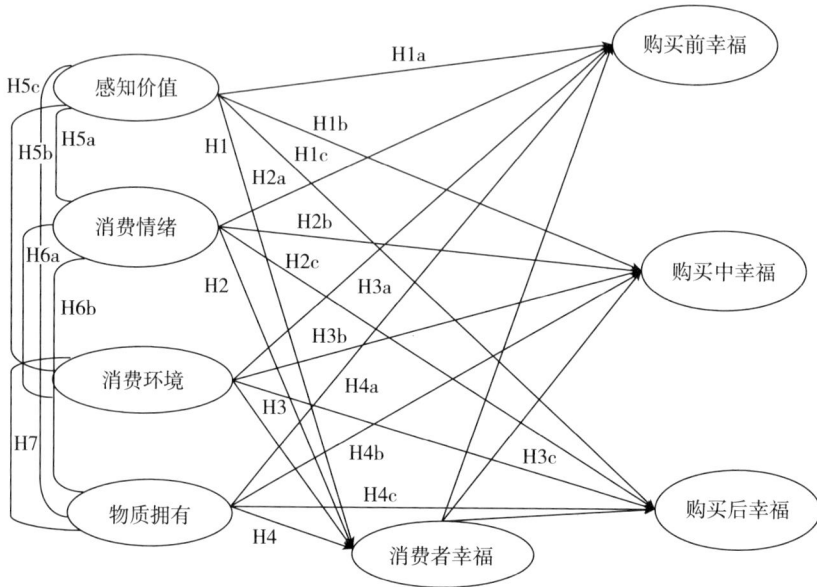

图4-1　消费者幸福影响机理模型和假设

第三节　汽车购买的消费者幸福实证研究

一、调查设计和数据收集

对于变量测量项目设计的合理性和科学性，研究主要参照了王重鸣（1990）和马庆国（2002a，2002b）的建议。王重鸣（1990）认为，问卷量表的设计包含四个层次，即问卷的理论构思与目的、问卷格式、问卷项目的语句和问卷用词。在进行问卷设计时，问卷的内容和子量表构成要根据问卷设计的目的确定；问卷中应尽量注意避免复杂语句或带有引导性的问题，语句层次上要使项目用语明确、具体，尽可能避免多重含义或隐含某种假设；问卷用词要避免过于抽象以防止反应定势；同时要控制反应偏向。

马庆国（2002a，2002b）认为，正确设计问卷的要点是：问卷问题要根据研究目标设立；要依据调查对象的特点设置问题；不能设置得不到诚实回答的问题；对于有可能得不到诚实答案而又必须了解的数据可通过其他方法处理，如变换问题的提法，从而获得相关数据（景劲松，2004）。对于学者们提到的问卷设计需要注意的问题，在问卷设计中都进行了仔细考虑和处理。问卷设计完成后，邀请了市场营销领域的三位专家对问卷进行了修正，并进行了为期半个月的小样本检验。

正式调查从 2009 年 10 月上旬开始，到 2010 年 4 月中旬结束，历时 6 个月，在选取调查对象时采用随机抽样原则进行抽样。调查问卷通过三种方式送到调查对象的手中：一是亲自送达，督促调查对象当场回答，调查对象尽量选取家中已经购买汽车的受测者，研究当场收回；二是委托他人代为发放，调查问卷由研究人员送到他们的手中，或者通过邮寄方式送达，研究人员对他们就问卷调查的有关注意事项进行了事前叮嘱；三是通过 Email 方式发送 Word 电子版调查问卷给调查对象，让他们在网上填好后，返回电子版调查问卷。对于问卷发出后 10 天左右还没有收到回复的，研究通过 Email 或电话等方式进行再次或者多次联系，以确保问卷的按时回收和准确性。研究共随机发放问卷 876 份，回收 701 份。问卷回收后，剔除问卷的准则有四个：一是受测者不满 18 岁；二是受测者家中暂未购买汽车；三是问卷填答中多处缺漏；四是受测者没有认真填写问卷。剔除无效问卷后，得到有效问卷 566 份，有效问卷回收率是 64.61%。

二、样本描述

样本分布状况主要通过性别、年龄、教育水平、月收入、职业、常住地等基本指标来进行描述。

1. 样本性别描述

从表 4-1 中可以看出，男性消费者为 266 人，占 47%，女性消费者为

300 人, 占 53%, 两者之比约为 1:1, 调查样本的性别比例比较协调。

表 4-1 调查样本的性别分布状况

性别	频次	百分比（%）	累计百分比（%）
男	266	47	47
女	300	53	100
合计	566	100	

资料来源：根据调研数据整理。

2. 样本年龄描述

从表 4-2 中可以看出, 20~30 岁的消费者有 315 人, 占 55.65%, 所占比重最大; 其次为 30~40 岁的消费者, 有 130 人, 占 22.97%; 40~50 岁、18~20 岁和 50 岁及以上的消费者占少数, 所占比重分别为 9.01%、6.18% 和 6.18%。

表 4-2 调查样本的年龄分布状况

年龄（岁）	频次	百分比（%）	累计百分比（%）
18~20	35	6.18	6.18
20~30	315	55.65	61.84
30~40	130	22.97	84.81
40~50	51	9.01	93.82
≥50	35	6.18	100
合计	566	100	

资料来源：根据调研数据整理。

3. 样本教育水平描述

从表 4-3 中可以看出, 本科文化的消费者有 207 人, 占 36.57%, 所占比重最大; 为大专文化的消费者有 154 人, 占 27.21%; 本科以上、高中文化和高中以下文化的消费者占少数，所占比重分别为 17.31%、11.48% 和 7.42%。

表 4-3　调查样本的教育水平分布状况

教育水平	频次	百分比（%）	累计百分比（%）
高中以下	42	7.42	7.42
高中	65	11.48	18.90
大专	154	27.21	46.11
本科	207	36.57	82.69
本科以上	98	17.31	100
合计	566	100	

资料来源：根据调研数据整理。

4. 样本月收入描述

从表 4-4 中可以看出，月收入 3000~4000 元的消费者有 201 人，占 35.51%，所占比重最大；月收入 3000 元以下的消费者有 130 人，占 22.97%；月收入 4000~6000 元的消费者有 118 人，占 20.85%；月收入 6000~8000 元和 8000 元及以上的消费者占少数，所占比重分别为 10.42% 和 10.25%。

表 4-4　调查样本的月收入分布状况

月收入（元）	频次	百分比（%）	累计百分比（%）
<3000	130	22.97	22.97
3000~4000	201	35.51	58.48
4000~6000	118	20.85	79.33
6000~8000	59	10.42	89.75
≥8000	58	10.25	100
合计	566	100	

资料来源：根据调研数据整理。

5. 样本职业描述

从表4-5中可以看出，企业职员有199人，占35.16%，所占比重最大；其他自由职业的消费者有177人，所占比重为31.27%，其他自由职业是指除了所列职业以外其他相对较为波动的职业，如学生、不固定职业者和军人等；医疗、教育机构职员有126人，占22.26%；政府职员和个体经营者占少数，所占比重分别为7.24%和4.06%。

表4-5 调查样本的职业分布状况

职业	频次	百分比（%）	累计百分比（%）
个体经营者	23	4.06	4.06
政府职员	41	7.24	11.31
企业职员	199	35.16	46.47
医疗、教育机构职员	126	22.26	68.73
其他自由职业	177	31.27	100
合计	566	100	

资料来源：根据调研数据整理。

6. 样本常住地描述

从表4-6可以看出，本书主要调查了浙江、湖南、广东、贵州、北京、山东、上海和福建八个省（市）的汽车购买消费者，涉及地域广阔，其中以杭州、宁波、毕节、广州、株洲和湘潭的调查对象居多，分别占36.40%、8.66%、7.77%、7.77%、7.24%和6.36%，而北京、淄博、深圳、厦门和义乌的调查对象相对较少，分别为3.89%、3.53%、2.12%、1.94%和1.94%。

表4-6 调查样本的常住地分布状况

常住地	频次	百分比（%）	累计百分比（%）
北京	22	3.89	3.89
毕节	44	7.77	11.66

续表

常住地	频次	百分比（%）	累计百分比（%）
广州	44	7.77	19.43
杭州	206	36.40	55.83
宁波	49	8.66	64.49
深圳	12	2.12	66.61
厦门	11	1.94	68.55
湘潭	36	6.36	74.91
义乌	11	1.94	76.85
株洲	41	7.24	84.09
淄博	20	3.53	87.62
其他地区	70	12.37	100
合计	566	100	

资料来源：根据调研数据整理。

7. 家中拥有汽车数量

这一部分是了解调查对象家中汽车数量，由表4-7调查结果发现，家中有1台汽车的有455人，占80.39%；有2台汽车的有99人，占17.49%；有3台及以上汽车的有12人，占到了2.12%。

表4-7 调查样本的家中汽车数量分布

家中汽车数量（台）	频次	百分比（%）	累计百分比（%）
1	455	80.39	80.39
2	99	17.49	97.88
≥3	12	2.12	100
合计	566	100	

资料来源：根据调研数据整理。

8. 被调查汽车价格

这一部分是了解被调查汽车的价格分布状况，由表4-8调查结果发现，调查的汽车价格多为 10 万 ~ 20 万元，占 48.76%。20 万 ~ 30 万元的占 23.67%；调查的汽车价格为 10 万元以下的占 19.61%，30 万元及以上的占 7.95%。

表 4-8　调查样本的家中汽车价格分布

样本汽车价格（元）	频次	百分比（%）	累计百分比（%）
<10 万	111	19.61	19.61
10 万~20 万	276	48.76	68.37
20 万~30 万	134	23.67	92.05
≥30 万	45	7.95	100
合计	566	100	

资料来源：根据调研数据整理。

通过样本描述，我们对样本的数量和分布状况有了一个初步印象。

三、实证检验

1. 探索性因子分析

对样本进行 KMO 样本测度（Kaiser-Meyer-Olykin Measure of Sampling Adequacy）和巴特利特球形检验（Bartlett Test of Sphericity），判断是否可做因子分析。一般认为，KMO 在 0.9 以上，非常适合；0.8~0.9，很适合；0.7~0.8，适合；0.6~0.7，不太适合；0.5~0.6，很勉强；0.5 以下，不适合。巴特利特球形检验的统计值显著性概率小于等于显著性水平时，可以做因子分析（马庆国，2002）。研究采用方差最大旋转（Varimax）主成分分析法，探索性分析测量消费者幸福前因变量和消费者幸福的维度。

（1）消费者幸福前因的探索性因子分析。对消费者幸福前因的测量项目进行探索性因子分析发现，如表 4-9 和表 4-10 所示，样本充分性的 KMO 测试值为 0.787，样本分布的球形 Bartlett 检验卡方值的显著性概率为

0.000。适合做因子分析，探索得到的四个因子的方差解释百分比为75.287%。其中，感知价值由测量项目Q501、Q502、Q503、Q504、Q505反映，消费情绪由测量项目Q601、Q602、Q603反映，消费环境由测量项目Q701、Q702、Q703、Q704、Q705反映，物质拥有由测量项目Q801、Q802、Q803反映。本书将根据这些测量项目进行统计分析。

表4-9　KMO样本测度和巴特利特球形检验结果

Kaiser-Meyer-Olkin Measure of Sampling Adequacy		0.787
Bartlett's Test of Sphericity	Approx. Chi-Square	6083.738
	df	120
	Sig.	0.000

表4-10　消费者幸福前因因子分析结果

测量项目＼因子	因子1	因子2	因子3	因子4
Q501	0.736			
Q502	0.756			
Q503	0.760			
Q504	0.768			
Q505	0.729			
Q601		0.543		
Q602		0.618		
Q603		0.600		
Q701			0.741	
Q702			0.721	
Q703			0.669	
Q704			0.753	
Q705			0.758	
Q801				0.625
Q802				0.614
Q803				0.565
累计解释方差百分比（%）	75.287			

（2）消费者幸福维度的探索性因子分析。对消费者幸福前因的测量项目进行探索性因子分析发现（见表4-11和表4-12），样本充分性的KMO测试值为0.914，样本分布的球形Bartlett检验卡方值的显著性概率为0.000。适合做因子分析，探索得到的三个因子的方差解释百分比为70.399%。其中，购买前幸福由测量项目Q201、Q202反映，购买中幸福由测量项目Q301、Q302、Q303、Q304、Q305、Q306反映，购买后幸福由测量项目Q401、Q402、Q403反映。

表4-11　KMO样本测度和巴特利特球形检验结果

Kaiser-Meyer-Olkin Measure of Sampling Adequacy		0.914
Bartlett's Test of Sphericity	Approx. Chi-Square	3120.339
	df	55
	Sig.	0.000

表4-12　消费者幸福因子分析结果

测量项目 ＼ 因子	因子1	因子2	因子3
Q201	0.792		
Q202	0.884		
Q301		0.529	
Q302		0.590	
Q303		0.743	
Q304		0.832	
Q305		0.813	
Q306		0.765	
Q401			0.803
Q402			0.754
Q403			0.783
累计解释方差百分比（%）	70.399		

2. 消费者幸福的个体差异性研究

这一部分使用独立样本T检验和方差分析检验消费者个体因素（如性

别、年龄、教育水平、月收入和职业）对消费者幸福的影响。

使用独立样本 T 检验鉴定性别不同消费者在消费者幸福上是否存在显著差异，如表4-13所示，在置信度为95%的情况下，不同性别的消费者购买汽车时在售前幸福、售中幸福、售后幸福和总体幸福上均没有显著差异。

表4-13　独立样本 T 检验的结果

变量	性别	人数	均值	方差齐性检验		均值差异检验	
				显著概率	是否齐性	显著概率	均值差（男-女）
购买前幸福	男	266	3.931	0.377	是	0.547	-0.062
	女	300	3.993				
购买中幸福	男	266	4.515	0.324	是	0.817	0.018
	女	300	4.497				
购买后幸福	男	266	5.075	0.006	否	0.274	0.091
	女	300	4.984				
消费者幸福	男	266	4.562	0.206	是	0.744	0.024
	女	300	4.538				

注：方差齐性的显著性水平为 0.05，双尾检验。

由于年龄、教育水平、月收入和职业是三个以上的区分组，所以比较各组在消费者幸福上的差异时，本书采用单因素方差分析方法，并根据方差齐性及方差不具有齐性分别选取 LSD 和 Tamhane T2 法进行两两比较，方差分析结果如表4-14 和表4-15 所示。

表4-14　年龄对消费者幸福影响的方差分析

	总变差	自由度	均值差异检验		方差齐性检验	
			统计量 F 值	显著概率	显著概率	是否齐性
购买前幸福	865.008	565	4.745	0.001	0.014	否
购买中幸福	498.595	565	0.938	0.441	0.110	是
购买后幸福	536.473	565	1.537	0.190	0.195	是
消费者幸福	404.248	565	1.762	0.135	0.013	否

注：方差齐性的显著性水平为 0.05，双尾检验。

表 4-15　运用 LSD 法和 Tamhane 法进行多重比较的结果

		（I）年龄	（J）年龄	Mean Difference（I-J）	Sig.
购买前幸福	Tamhane	18~20 岁	20~30 岁	0.8175**	0.017
购买后幸福	LSD	18~20 岁	50 岁及以上	0.5048**	0.030

注：** 表示 p<0.05，双尾检验。

从表 4-14 可以看出，在置信度为 95% 的情况下，不同年龄阶段的消费者在购买中幸福、购买后幸福和总体幸福感知上没有显著差异，而在购买前幸福感知上存在显著差异，显著性概率均小于 0.05。在两两比较结果中，研究只将在置信度为 95% 的情况下，具有显著统计差异的列示出来，如表 4-15 所示，18~20 岁的消费者比 20~30 岁的消费者购买汽车有着更高的购买前幸福，比 50 岁及以上的消费者购买汽车有着更高的购买后幸福。

从表 4-16 可以看出，在置信度为 95% 的情况下，不同教育水平的消费者在购买中幸福、购买后幸福和总体幸福感知上没有显著差异，而在购买前幸福感知上存在显著差异，显著性概率均小于 0.05。在两两比较结果中，本书只将在置信度为 95% 的情况下，具有显著统计差异的列示出来，如表 4-17 所示，高中文化层次的消费者比大专及以上学历的消费者购买汽车有着更高的购买前幸福，学历差距越大，幸福的差异越大，大专学历的消费者比本科以上学历的消费者购买汽车有着更高的购买前幸福。高中文化学历的消费者比大专文化学历的消费者有着更高的消费者幸福。

表 4-16　教育水平对消费者幸福影响的方差分析

	总变差	自由度	均值差异检验		方差齐性检验	
			统计量 F 值	显著概率	显著概率	是否齐性
购买前幸福	865.008	565	4.014	0.003	0.657	是
购买中幸福	498.595	565	1.035	0.389	0.112	是
购买后幸福	536.473	565	1.371	0.243	0.257	是
消费者幸福	404.248	565	1.353	0.249	0.189	是

注：方差齐性的显著性水平为 0.05，双尾检验。

表 4-17　运用 LSD 法和 Tamhane 法进行多重比较的结果

		（I）教育 水平	（J）教育 水平	Mean Difference （I-J）	Sig.
购买前 幸福	LSD	高中	大专	0.3785**	0.037
			本科	0.5043**	0.004
			本科以上	0.7546**	0.000
		大专	本科以上	0.3762**	0.018
消费者幸福	LSD	高中	大专	0.2637	0.035

注：＊＊表示 p<0.05，双尾检验。

从表 4-18 可以看出，在置信度为 95% 的情况下，不同收入水平的消费者在购买前幸福、购买中幸福、购买后幸福和总体幸福感知上没有显著差异，显著性概率均大于 0.05，这是一个有意思的研究发现。

表 4-18　月收入对消费者幸福影响的方差分析

	总变差	自由度	均值差异检验		方差齐性检验	
			统计量 F 值	显著概率	显著概率	是否齐性
购买前幸福	865.008	565	0.941	0.440	0.020	否
购买中幸福	498.595	565	0.303	0.876	0.070	是
购买后幸福	536.473	565	0.660	0.620	0.309	是
消费者幸福	404.248	565	0.137	0.969	0.186	是

注：方差齐性的显著性水平为 0.05，双尾检验。

从表 4-19 可以看出，在置信度为 95% 的情况下，不同职业的消费者在购买前幸福、购买中幸福和总体幸福感知上没有显著差异，而在购买后幸福感知上存在显著差异，显著性概率小于 0.05。在两两比较结果中，本书只将在置信度为 95% 的情况下，具有显著统计差异的列示出来。如表 4-20 所示，个体经营者比企业职员和医疗、教育机构职员有着更高的购买中幸福，比政府职员有着更高的购买后幸福。政府职员，企业职员，医疗、教育机构职员在购买后幸福感知上，均弱于其他自由职业者；在总体幸福感知上，个体经营者幸福高于企业职员和医疗、教育机构职员。

表4-19　职业对消费者幸福影响的方差分析

	总变差	自由度	均值差异检验		方差齐性检验	
			统计量 F 值	显著概率	显著概率	是否齐性
购买前幸福	865.008	565	0.478	0.752	0.151	是
购买中幸福	498.595	565	1.964	0.099	0.462	是
购买后幸福	536.473	565	3.365	0.010	0.057	是
消费者幸福	404.248	565	2.074	0.083	0.208	是

注：方差齐性的显著性水平为 0.05，双尾检验。

表4-20　运用 LSD 法和 Tamhane 法进行多重比较的结果

		（I）职业	（J）职业	Mean Difference（I-J）	Sig.
购买中幸福	LSD	个体经营者	企业职员	0.4399**	0.033
			医疗、教育机构职员	0.4945**	0.020
购买后幸福	LSD	个体经营者	政府职员	0.5083**	0.044
		政府职员	其他自由职业	-0.4798**	0.004
		企业职员	其他自由职业	-0.2134**	0.033
		医疗、教育机构职员	其他自由职业	-0.3039**	0.007
消费者幸福	LSD	个体经营者	企业职员	0.3663**	0.049
			医疗、教育机构职员	0.4132**	0.031
		医疗、教育机构职员	其他自由职业	-0.1958**	0.047

注：** 表示 p<0.05，双尾检验。

3. 消费者幸福的影响机理研究

这一部分，对消费者幸福前因变量和消费者幸福三维度进行两两相关分析，分析结果如表4-21所示。从分析结果可以看出，感知价值、消费情绪、消费环境、物质拥有、购买前幸福、购买中幸福、购买后幸福和消费者幸福这八个变量的信度 α 均大于 0.7，变量的内部一致性检验获得通过，变量间两两显著呈正相关。由表4-21可以看出，假设关系的相关系数统计显著，相关系数均为正值。因此，从相关分析的结果看来，所有假设都得到数据的检验。然而，值得注意的是，虽然采用相关分析对假设关系进行检验都具有统计显著性，但是把这些关系综合考虑时，上述结论却未必正确，因为变量之间存在相互影响和相互作用。因此，根据上述相关分析的结果，对所有假设关系进行结构方程建模（Structural Equation Modeling，SEM），综合分析它们之间的影响。

表 4-21　变量描述性统计和相关分析

	均值	标准差	信度 α	1	2	3	4	5	6	7	8
1. 感知价值	3.992	1.151	0.922	1.000							
2. 消费情绪	4.839	1.009	0.857	0.409**	1.000						
3. 消费环境	4.088	1.133	0.899	0.180**	0.124**	1.000					
4. 物质拥有	4.465	0.994	0.834	0.303**	0.311**	0.099**	1.000				
5. 购买前幸福	3.964	1.237	0.752	0.584**	0.272**	0.269**	0.226**	1.000			
6. 购买中幸福	4.505	0.939	0.893	0.624**	0.458**	0.225**	0.356**	0.575**	1.000		
7. 购买后幸福	5.027	0.974	0.765	0.381**	0.476**	0.083**	0.240**	0.314**	0.593**	1.000	
8. 消费者幸福	4.549	0.846	0.895	0.653**	0.499**	0.234**	0.351**	0.713**	0.945**	0.757**	1.000

注：**表示 $p < 0.05$，双尾检验。

4. 确定性因子分析

确定性因子分析（Confirmatory Factor Analysis，CFA）用以识别判断理论模型中变量（Variabes）之间的区分度（Distinctiveness）（Chen et al.，2005）。在确定性因子分析中，研究分析了消费者幸福模型[①]。研究用 χ^2/df、GFI、AGFI、IFI、CFI 和 RMR 这六个指标来评价研究模型的拟合程度（Medsker et al.，1994），当 χ^2/df 小于 5，GFI、AGFI、IFI 和 CFI 大于 0.9，

---

① 此处研究方法借鉴 Chen 等（2005）。

小于1，AGFI 大于 0.8，小于1，RMR 小于 0.1 时，认为拟合程度较好，并且 χ^2/df 和 RMR 越小越好，GFI、AGFI、IFI 和 CFI 则越大越好[①]。

（1）消费者幸福前因确定性因子分析。表 4-22 和图 4-2 显示了消费者幸福前因的确立性因子分析拟合指标和结构方程模型，其拟合情况为：χ^2 值为 652.960，自由度 df 为 98，χ^2 除以自由度为 6.663，根据 Kwong 等（1977）的研究，该指标小于 5 就可以接受，因此这一指标较为不理想。RMR 值为 0.063，根据 Chau（1997）的建议，该指数小于 0.10 就可接受，因此这一指标符合统计要求。RMSEA 值为 0.1，根据 Steiger（2000）的观点，RMSEA 低于 0.1 表示好的拟合，低于 0.05 表示非常好的拟合，低于 0.01 表示非常出色的拟合，因此这一指标符合统计要求。GFI 值为 0.903，AGFI 值 0.866，IFI 值为 0.908，CFI 值为 0.908，根据 Bentler（1992）的建议，当 CFI 大于等于 0.90 时，GFI 则只要大于等于 0.85 就可认为模型具有满意的拟合程度。因此，总体而言，消费者幸福前因的结构方程模型拟合情况较好。

表 4-22　消费者幸福前因确定性因子分析拟合指标

χ^2	df	χ^2/df	GFI	AGFI	IFI	CFI	RMR	RMSEA
652.960	98	6.663	0.903	0.866	0.908	0.908	0.063	0.1

（2）消费者幸福三维度确定性因子分析。表 4-23 和图 4-3 显示了消费者幸福三维度确定性因子分析拟合指标和结构方程检验结果，其拟合情况为：χ^2 值为 188.283，自由度 df 为 41，χ^2 除以自由度为 4.592，小于 5，符合统计要求。RMR 值为 0.07，小于 0.1。RMSEA 值为 0.08，低于 0.1，GFI 值为 0.936，AGFI 值为 0.897，IFI 值为 0.953，CFI 值为 0.952。总体而言，消费者幸福三维度检验的结果拟合情况较好。

[①] 拟合指标取值标准详见学者 Wheaton 等（1977）、Carmines 和 Mciver（1981）、Bollen（2020）、Steiger（2000）、Bentler（1990，1992）、刘怀伟（2003）、陈明亮（2004）、候杰泰等（2004）的研究。

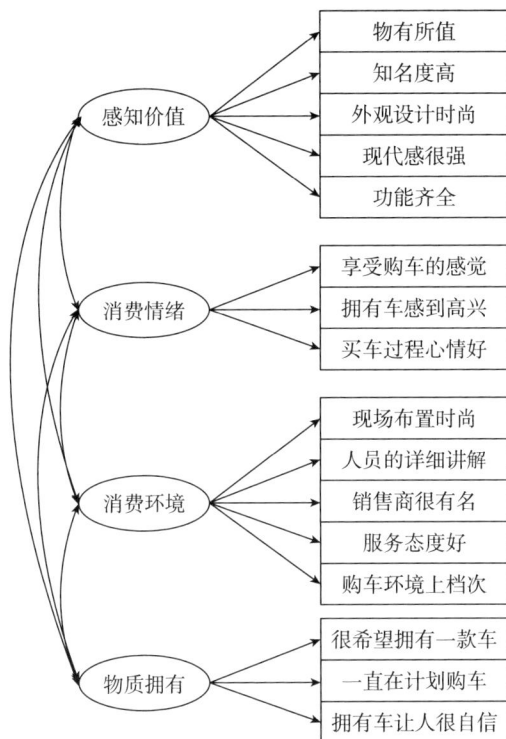

图4-2　消费者幸福前因的结构方程模型

表4-23　消费者幸福三维度确定性因子分析拟合指标

χ^2	df	χ^2/df	GFI	AGFI	IFI	CFI	RMR	RMSEA
188.283	41	4.592	0.936	0.897	0.953	0.952	0.070	0.080

5. 消费者幸福前因和消费者幸福的结构方程模型检验

表4-24和图4-4显示了消费者幸福前因和消费者幸福结构方程模型检验结果，其拟合情况为：χ^2 值为 1222.109，自由度 df 为 311，p 值为 0.000，χ^2 除以自由度为 3.93，小于5，符合统计要求。RMR 值为 0.084，小于 0.1，RMSEA 值为 0.072，低于 0.1，GFI 值为 0.878，AGFI 值为 0.851，IFI 值为 0.906，CFI 值为 0.906。总体而言，消费者幸福前因和消费者幸福结构方程模型拟合结果较好。

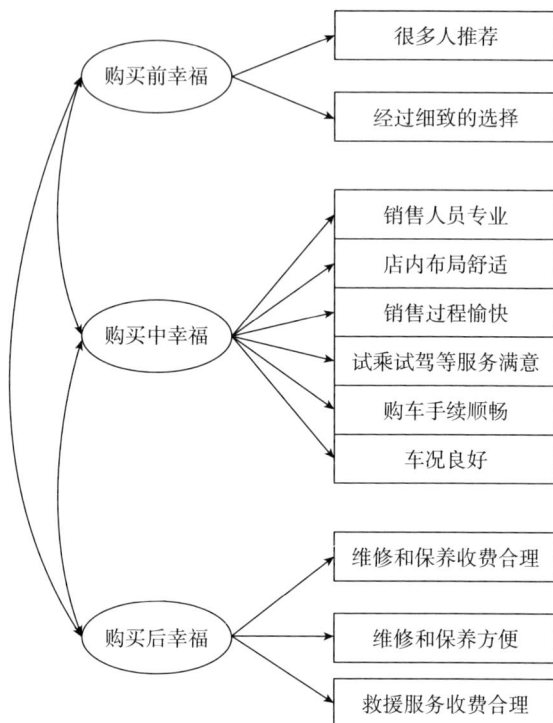

图4-3 消费者幸福三维度结构方程模型

表4-24 消费者幸福前因和消费者幸福结构方程模型检验结果

待检验关系	标准化路径系数	是否支持假设
假设回归路径		
H1：感知价值→消费者幸福	0.561（0.000）***	支持
H2：消费情绪→消费者幸福	0.254（0.000）***	支持
H3：消费环境→消费者幸福	0.115（0.002）***	支持
H4：物质拥有→消费者幸福	0.126（0.002）***	支持
假设相关路径		
H5a：感知价值←→消费情绪	0.436（0.000）***	支持
H5b：感知价值←→消费环境	0.196（0.000）***	支持
H5c：感知价值←→物质拥有	0.334（0.000）***	支持
H6a：消费情绪←→消费环境	0.143（0.002）***	支持

待检验关系	标准化路径系数	是否支持假设
H6b：消费情绪↔物质拥有	0. 341 （0. 000） ***	支持
H7：消费环境↔物质拥有	0. 110 （0. 023） **	支持

拟合优度指标　　$\chi^2 = 1222.109$；$df = 311$；$p = 0.000$；$\chi^2/df = 3.930$；$RMR = 0.084$；
　　　　　　　　$RMSEA = 0.072$；$GFI = 0.878$；$AGFI = 0.851$；$IFI = 0.906$；$CFI = 0.906$

注：括号中的数值为显著性概率，＊＊＊表示 $p<0.01$，＊＊表示 $p<0.05$，＊表示 $p<0.1$。

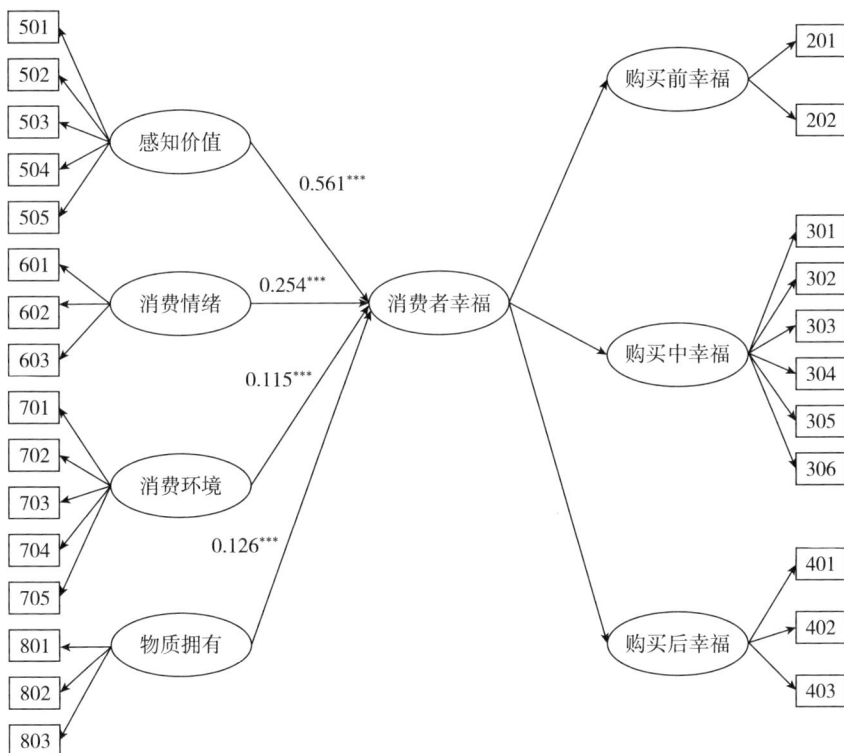

图 4-4　消费者幸福前因和消费者幸福的结构方程模型

6. 消费者幸福前因和消费者幸福三维度结构方程模型检验

表 4-25 和图 4-5 显示了消费者幸福前因与消费者幸福三维度结构方程检验结果，其拟合情况为：χ^2 值为 1270.242，自由度 df 为 306，p 值为 0.000，

χ^2 除以自由度为 4.151，小于 5，符合统计要求，RMR 值为 0.087，小于 0.1，RMSEA 值为 0.075，低于 0.1，GFI 值为 0.875，AGFI 值为 0.845，IFI 值为 0.901，CFI 值为 0.901。总体而言，消费者幸福前因和消费者幸福三维度结构方程模型拟合结果较好。

表 4-25　消费者幸福前因与消费者幸福三维度的结构方程检验结果

待检验关系	标准化路径系数	是否支持假设
假设回归路径		
H1a：感知价值→购买前幸福	0.645（0.000）***	支持
H1b：感知价值→购买中幸福	0.507（0.000）***	支持
H1c：感知价值→购买后幸福	0.267（0.000）***	支持
H2a：消费情绪→购买前幸福	0.033（0.486）	不支持
H2b：消费情绪→购买中幸福	0.233（0.000）***	支持
H2c：消费情绪→购买后幸福	0.427（0.000）***	支持
H3a：消费环境→购买前幸福	0.172（0.000）***	支持
H3b：消费环境→购买中幸福	0.107（0.002）***	支持
H3c：消费环境→购买后幸福	−0.020（0.647）	不支持
H4a：物质拥有→购买前幸福	0.048（0.291）	不支持
H4b：物质拥有→购买中幸福	0.129（0.001）***	支持
H4c：物质拥有→购买后幸福	0.071（0.153）	不支持
假设相关路径		
H5a：感知价值↔消费情绪	0.438（0.000）***	支持
H5b：感知价值↔消费环境	0.196（0.000）***	支持
H5c：感知价值↔物质拥有	0.333（0.000）***	支持
H6a：消费情绪↔消费环境	0.143（0.002）***	支持
H6b：消费情绪↔物质拥有	0.345（0.000）***	支持
H7：消费环境↔物质拥有	0.110（0.023）**	支持

拟合优度指标　$\chi^2=1270.242$；df＝306；p＝0.000；$\chi^2/df=4.151$；RMR＝0.087；RMSEA＝0.075；GFI＝0.875；AGFI＝0.845；IFI＝0.901；CFI＝0.901

注：括号中的数值为显著性概率，***表示 p<0.01，**表示 p<0.05，*表示 p<0.1。

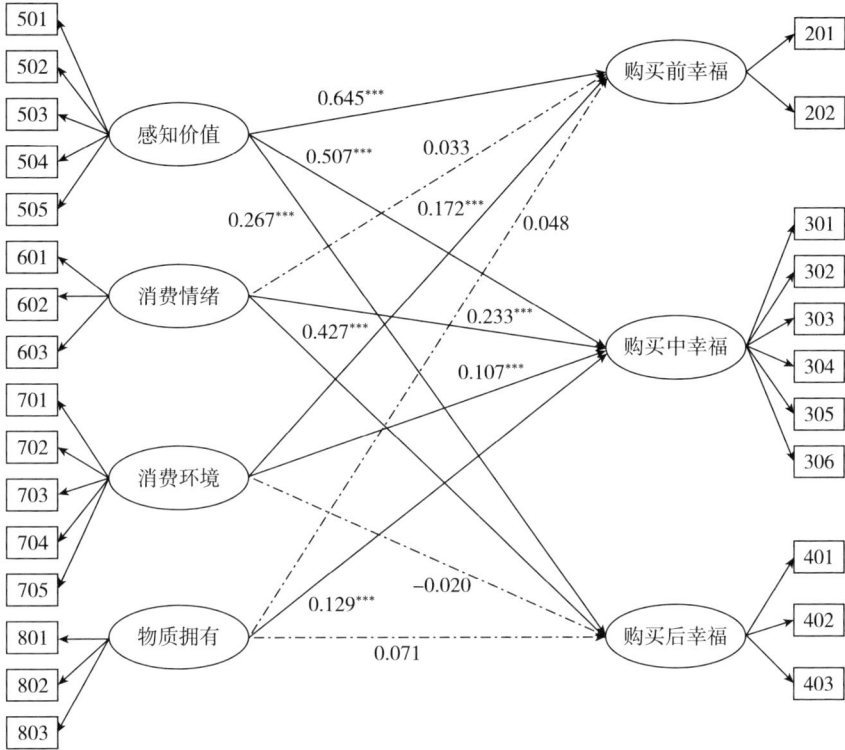

图4-5　消费者幸福前因和消费者幸福三维度的结构方程模型

四、研究结论

H1 是感知价值对消费者幸福有积极正向影响。由结构方程模型检验的结果看来，标准回归路径影响系数为 0.561，并在 0.01 的水平上显著，H1 得到检验。H1a 是感知价值对消费者购买前幸福有积极正向影响。由结构方程模型检验的结果看来，标准回归路径影响系数为 0.645，并在 0.01 的水平上显著，H1a 得到检验。H1b 是感知价值对消费者购买中幸福有积极正向影响。由结构方程模型检验的结果看来，标准回归路径影响系数为 0.507，并在 0.01 的水平上显著，H1b 得到检验。H1c 是感知价值对消费者购买后幸福有积极正向影响。由结构方程模型检验的结果看来，标准回归路径影响响系数为 0.267，并在 0.01 的水平上显著，H1c 得到检验。

H2 是消费情绪对消费者幸福有积极正向影响。由结构方程模型检验的结果看来，标准回归路径影响系数为 0.254，并在 0.01 的水平上显著，H2 得到检验。H2a 是消费情绪对消费者购买前幸福有积极正向影响。由结构方程模型检验的结果看来，标准回归路径影响系数为 0.033，显著性概率大于 0.1，H2a 没有得到检验。H2b 是消费情绪对消费者购买中幸福有积极正向影响。由结构方程模型检验的结果看来，标准回归路径影响系数为 0.233，并在 0.01 的水平上显著，H2b 得到检验。H2c 是消费情绪对消费者购买后幸福有积极正向影响。由结构方程模型检验的结果看来，标准回归路径影响系数为 0.427，并在 0.01 的水平上显著，H2c 得到检验。

H3 是消费环境对消费者幸福有积极正向影响。由结构方程模型检验的结果看来，标准回归路径影响系数为 0.115，并在 0.01 的水平上显著，H3 得到检验。H3a 是消费环境对消费者购买前幸福有积极正向影响。由结构方程模型检验的结果看来，标准回归路径影响系数为 0.172，并在 0.01 的水平上显著，H3a 得到检验。H3b 是消费环境对消费者购买中幸福有积极正向影响。由结构方程模型检验的结果看来，标准回归路径影响系数为 0.107，并在 0.01 的水平上显著，H3b 得到检验。H3c 是消费环境对消费者购买后幸福有积极正向影响。由结构方程模型检验的结果看来，标准回归路径影响系数为-0.02，显著性概率大于 0.1，H3c 没有得到检验。

H4 是物质拥有对消费者幸福有积极正向影响。由结构方程模型检验的结果看来，标准回归路径影响系数为 0.126，并在 0.01 的水平上显著，H4 得到检验。H4a 是物质拥有对消费者购买前幸福有积极正向影响。由结构方程模型检验的结果看来，标准回归路径影响系数为 0.048，显著性概率大于 0.1，H4a 没有得到检验。H4b 是物质拥有对消费者购买中幸福有积极正向影响。由结构方程模型检验的结果看来，标准回归路径影响系数为 0.129，并在 0.01 的水平上显著，H4b 得到检验。H4c 是物质拥有对消费者购买后幸福有积极正向影响。由结构方程模型检验的结果看来，标准回归路径影响系数为 0.071，显著性概率大于 0.1，H4c 没有得到检验。

H5a 是感知价值和消费情绪之间呈正相关。由结构方程模型检验的结果看来，标准相关路径影响系数为 0.438，并在 0.01 的水平上显著，H5a 得到检验。H5b 是感知价值和消费环境之间呈正相关。由结构方程模型检验的结果看来，标准相关路径影响系数为 0.196，并在 0.01 的水平上显著，H5b 得到检验。H5c 是感知价值和物质拥有之间呈正相关。由结构方程模型检验的结果看来，标准相关路径影响系数为 0.333，并在 0.01 的水平上显著，H5c 得到检验。H6a 是消费情绪和消费环境之间呈正相关。由结构方程模型检验的结果看来，标准相关路径影响系数为 0.143，并在 0.01 的水平上显著，H6a 得到检验。H6b 是消费情绪和物质拥有之间呈正相关。由结构方程模型检验的结果看来，标准相关路径影响系数为 0.345，并在 0.01 的水平上显著，H6b 得到检验。H7 是消费环境和物质拥有之间呈正相关。由结构方程模型检验的结果看来，标准相关路径影响系数为 0.110，并在 0.05 的水平上显著，H7 得到检验。

第四节　汽车企业消费者幸福营销策略

基于上文的理论和实证研究，在本部分中将针对汽车企业，提出消费者幸福营销策略。

一、提供汽车购买全程跟踪服务

消费者在进行汽车购买过程中企业所提供的服务包括售前服务、售中服务和售后服务。

汽车企业的售前服务包括：建立一套适合消费者需求的售前服务制度，并有力执行；加强服务人员的专业知识培训；建立专业的顾客服务机构，给顾客提供一个高效的沟通渠道；提供个性化的购车咨询顾问，包括各种车型的性能比较、适合顾客的车型、在哪里购车能得到较好的服务、购车需要注意的问题、购车过程中容易出现的问题、及时告诉顾客各种与汽车相关的信息、各种促销和试乘试驾信息等。

汽车企业的售中服务包括：及时回答顾客要求，力求成交，解答顾客问题，满足特殊需求；顾客疑难问题要迅速转给相应部门，并得到解决；顾客要求的上门服务项目要及时派人服务；提供方便快捷的银行、保险公司、车管所现场办公，实现从选车、信贷、保险、上牌的"一站式"服务。

汽车企业的售后服务包括：提高售后服务质量；提高售后服务标准；完善售后服务网络体系；引入汽车售后服务管理系统；实行汽车"召回制度"，定期检修汽车。

二、提高顾客购买汽车时的感知价值

顾客感知价值主要是根据消费者在消费过程中，由自我意识产生的感知利得与感知利失来衡量的。在消费汽车产品时，顾客的感知利得通常指的是消费者在购买和使用汽车产品过程中所感知到的产品物理属性和服务属性以及可获得的技术支持；顾客的感知利失是指消费者购买汽车产品时需承担的全部成本，包括购买价格、获得成本、运输、安装、订购、维修费用以及维护与供应商的关系所花的精力和时间等。因此，汽车企业在实行顾客感知价值管理策略时，应增加顾客对所得利益的感知，降低消费者对所付出成本的感知，进而增加顾客在汽车消费中的满意度。

1. 应用效价提高消费者购买汽车时的感知价值

通过效价提高顾客的感知价值，主要从汽车产品的质量入手，同时拓展产品的价值范围，不仅让消费者感受到购买汽车产品本身的使用价值，而且还要附带提供其他功能或者服务，令消费者感到自己购买到的是一种增值的产品。

一方面，可以从汽车产品的质量入手，提升产品效价。企业在营销过程中不能盲目讲究价格策略，而是要让消费者充分了解到他所要购买的汽车产品本身的真实价值。在目前因产品质量问题而引发的安全事故频增的情况下，消费者越来越关注他所消费的汽车产品的安全性能，这成为顾客感知价值非常重要的组成部分，由此，企业应该将专业知识和技术融入到汽车产品安全设计中，如汽车安全气囊的设置、制动系统的设计等。与其他同类产品相比，安全系数更高的汽车产品更加受到购车者的青睐。对消费者来说，这是一种超值服务，因为该汽车产品的性价比高。顾客购买了这样的产品，其对该种汽车产品的消费感知价值自然提高。

另一方面，在控制汽车生产成本的基础上，尽量增加汽车产品的附加功能。当企业为消费者提供了比其他竞争对手同类产品更多的有用功能，那么这多出的附加功能可以看作提高顾客感知价值的超值服务。

2. 通过准确的品牌定位满足顾客的消费心理与情感需要

汽车企业在自身品牌中应融入消费者所认可的文化与理念。在结合社会大众文化和顾客消费心理的基础上形成自己的品牌文化群体。比如商用汽车的开发要瞄准商业人士，并体现一种成功者的气质、风度和不屈不挠的精神。其实，企业在销售汽车产品的同时，也是在推销自己的品牌文化，也只有将自己的品牌文化融于消费者，才能真正使自身的产品效价得到提升。

3. 树立良好的汽车企业形象

良好的企业形象对于企业品牌的塑造有重要的作用。企业员工良好的服务态度和忠诚度是企业发展和品牌提升的保障，也是企业良好形象的表现。消费者在购买汽车前通常对企业的服务缺乏较直观的感受，于是，企业的形象、口碑等成为直接影响顾客购车决策和消费感知的重要依据。所以，企业销售人员要有亲切友好的态度，表现在服务中就是对顾客热情周到和彬彬有礼，因为良好的服务态度能够使顾客感到愉快和放松。同时在汽车销售过程中，向顾客尽可能多地传达该产品或服务的真实信息，这有利于顾客消除对企业的疑虑心理，可以增加顾客购车时的感知价值。良好的企业形象，不仅能够增强企业员工对公司的忠诚度，还能增加消费者对公司所提供产品和服务的信赖度及对企业产品品牌的忠诚。

4. 充分发挥现代网络技术在汽车营销中的作用

消费者利用互联网实现与企业的互动交流，极大地增强了其在购车交易中的参与性和主动性。随着信息技术和多媒体技术的进一步发展，汽车销售企业可以借助声音、图像、动画等方法刺激消费者的感官体验，使消费者的购车活动在新奇、愉快的氛围中完成。同时，企业应及时更新网页上汽车产品的信息，并根据汽车销售状况和消费者的反馈不断地修改和补充相关信息，这样可以提高网络信息的质量，也能够大幅度降低消费者在购车过程中花费在信息搜集及其他需要消耗精力方面的成本。企业还可以通过网络为消费者提供技术培训、产品介绍和预约试用等服务，这都间接地增强了消费者购车时的感知价值。通用汽车公司利用博客营销加大汽车销售的力度就是一个例证。

5. 利用期望值提高顾客购车时的感知价值

第一，采用产品差异化策略，多层次、多元化地满足不同消费者的购车需求。企业应认真分析自己所处的市场环境，了解其消费者对整体汽车产品中存在的不同需求，开发多元化和有个性的产品来满足目标消费者的需要，并寻找潜在的消费者。

第二，以良好的售后服务为保障，提高消费者的感知价值。良好的售后服务虽然会花费企业一定的服务费用，但消费者在这个过程中得到了满足，可以换来消费者的再次购买。同时，消费者会把其从此次服务中获得的感受传达给其他消费者，从而启发其他消费者的购车行为。完善的客户管理信息系统的建立，确保了每位顾客资料的完整性和准确性，加上企业及时更新顾客咨询和对关系客户的不定期回访，了解现有顾客目前的产品使用情况和新的消费需求，让消费者对企业的服务有更真切的体验。

6. 为消费者提供个性化和有特色的服务

基于消费者幸福的个体差异性，企业可以考虑邀请顾客参与汽车新产品的设计以及对消费者的需求做认真细致的调查研究，以便使产品在外观、颜色、名称、包装等方面都切合消费者的需求。在很多情况下，企业的特色服务既能增加产品的内在价值，又能增加产品的外在价值，对于这种增加的价值，消费者能很容易地感知到。上汽集团——通用汽车馆在此次上海世博会受到了观众的一致好评，他们提出了"直达2030"的理念，不少参观者对通用馆动感的展演、新颖的概念车和周到的服务赞不绝口。主展电影《2030，行》让观众身临其境地体验汽车对生活的改变，感受"行愈简，心愈近"的大同世界。公司新推出的新能源概念车"叶子"和电动联网概念车 EN-V 所呈现的"电力化""车联网""自动驾驶"三大未来汽车技术给观众留下了深刻印象。

三、注重顾客的消费情绪

汽车服务的提供者与消费者之间是通过语言、表情、动作、声调等肢体语言来传递讯息的。服务人员应该对其顾客表现出热情、关心、尊重、礼貌和友善的态度，时刻照顾到消费者的情绪，站在对方的立场来看待消费者提出的要求，了解消费者的真实需求，并为其提供服务，这样一来可以使消费者的积极情绪得以发扬，进而增加其在购车过程中的轻松感与愉快感。从而加强了消费者的购买欲，并最终促成消费者的购车行为。

顾客表露出来的情绪在整个服务过程中起到了指示器的作用，并且此种情绪给汽车服务的提供者一个清晰的视角，用来观察和把握顾客如何评价他们与自己之间的互动沟通。因此，汽车服务的提供者在服务过程中积极识别顾客的情绪是必须的，对于消费者表现出的积极情绪，服务提供方要予以保留并使之更好，而对于消费者那些消极的情绪也应该及时采取补偿的办法，努力将消极的情绪转变为积极的情绪。商家贴心的服务使消费者自身的积极情绪得到加强，由于具备良好的消费心理，顾客的这种愉快的购车体验在经过各种方式后会传递给其他的消费者。理解并适应顾客的情绪能够提高服务的质量，增进顾客的忠诚度，是一种成功的营销策略。

2006 年 9 月，东风日产汽车公司举办了一次销售精英大赛，来自东风日产北京三合专营店的李女士根据东风日产的接待要求 NSSW（Nissan Sales & Service Way）于第一时间递上名片并做自我介绍，用礼貌问候语和适时的赞美消除客户的紧张情绪。通过有目的的提问和积极的倾听，她了解到客户需要一辆售价 30 万元左右、排量在 2.0 以上的公务车，针对客户需求她推荐了天籁车，并进行针对性的产品介绍，邀请客户进行驾车体验。在客户提出较有针对性的问题时，她引导客户到洽谈桌坐下，根据客户要求提供了客人喜爱的免费饮料。因在接待顾客过程中，热情和重视顾客体验方面表现出色，她成为直接晋级半决赛的选手。

四、改善汽车消费环境

汽车消费环境分为硬环境和软环境。硬环境就是道路、加油站和停车位置等基础设施；软环境包括车价、税费、消费信贷、维修服务等。具体而言，可以从以下五个方面着手。

（1）企业要积极参与到国家关于改善汽车消费"硬件"环境的计划当

中，对道路基础设施和停车设施建设进行投资，以便提高路况和停车设施状况，为消费者的出行提供方便。

（2）企业要以市场需求为导向，结合消费者的购买能力，为消费者提供物美价廉的优质汽车，以增加消费者的满意度。在市场竞争的机制下，就是通过汽车行业间的适度竞争，不断降低生产成本，在实现"规模经济"、达到规模效益后，创造出新的降价空间，从而形成汽车生产供给与市场需求的良性循环。

（3）企业要积极配合国家的消费政策，不与其他相关利益集团搞地方保护主义，或在汽车生产和流通领域给外地生产企业和产品制造障碍，避免使消费者承担高昂的不合理税费和汽车税费。

（4）建立和完善汽车销售的服务体系。这涉及售前的咨询服务到信贷、保险、上牌、技术咨询、售后服务、维修、保养等汽车消费的整个过程。要求企业重视和培养高素质的汽车服务人才。一是要培养高素质的汽车经纪人。汽车作为一种复杂商品，带有很强的专业性，目前购车的消费者大多不具备汽车、购车环节和各种利益保障方面的专业知识，企业培养的高素质汽车经纪人，可以为消费者提供这方面的服务，这既是汽车生产企业和经销商自我发展的需要，也是完善汽车销售的服务体系，推动汽车消费市场健康发展的需要。二是企业还要提高汽车维修人员的技术水平。由于汽车的科技含量很高，目前市场上新推出车型的零部件大多是高科技的电子产品，尤其是那些采用高科技智能系统的汽车，维修人员在修理时若不懂得控制原理，不懂得使用电脑来排查故障，就无法适应行业的需要。因此，提高汽车售后服务水平的关键是快速提升汽车维修从业人员的整体素质，以便为消费者提供优质高效的维修服务。

（5）转变汽车生产企业的营销模式。要从单一的产品推广转向全方位、多层次的整体营销。比如发展汽车售后服务的4S形式，即整车销售、售后服务、零件供应、信息反馈"四位一体",通过将销售和服务结合起来,让消费者切实体验到汽车消费的方便。1998 年广州本田成立之初,就率先在中国汽车行业引进了与国际接轨的"四位一体"4S 销售服务模式,为消费者提供全方位购车服务的简约式交易场所。它通过提供舒适的购车环境、专业健全的售后服务、纯正的零部件,使客户从购车到用车的全过程得到良好服务等,连接汽车售前、售中、售后全程,体现以消费者为本的经营理念。高起点、高标准的经销商网络,从一开始就成为广州本田核心竞争力的重要组成部分,有力促进了广州本田的销售。

五、增强顾客对汽车产品的拥有感

根据马斯洛关于人的需要层次理论,只有当较低层次的需要得到满足后,才会产生较高层次的需要。随着我国经济的快速发展和居民收入水平的提高,消费者对汽车这种高档消费产品的购买欲望增强,但有限的收入水平却限制了消费者对它的拥有,大多数消费者买不起汽车,即便有购买能力也无法承担高昂的使用成本。也就是说,消费者的购车欲望很强,但购买能力很弱,这样一来就不能形成对汽车消费的有效需求。为了鼓励消费者购买汽车,增强顾客对汽车的拥有感,企业可以采取以下措施:

(1)发展汽车租赁业务。企业将汽车出借给消费者,提供租赁期内的维修保养等后续服务,并承担过时风险。消费者无须办理保险,解除了汽车维修和年度检验的烦恼,而且可以随时租用最新车型,租赁方式也灵活多样,消费者可以选择自驾租车或是代驾租车,还可以为消费者提供若干特色服务,如送车上门、异地还车等。

(2)为消费者提供分期付款的贷款方式。使消费者在只支付一小部分车款的情况下就可以拥有其所需的产品和劳务。尽管其最终所支付的金额要比一次性支付的车款多一些,但却给消费者提供了便利。

（3）制作新颖别致的汽车广告。该类广告可以不断挑逗消费者的购车欲望，煽动消费者对身份和地位的追逐。

（4）开展丰富多彩的促销活动。比如试乘试驾活动、定期举办汽车展销会，在展会上附赠精美礼品给消费者，开展优惠酬宾等活动，让消费者有一种"机不可失，时不再来"的感觉，从而刺激其购买的欲望。

受召回风波影响的一汽丰田，近期适时推出各种主题宣传活动，包括针对南方雨季关怀车主爱车保养的"温情雨季"主题活动、围绕其运动车型锐志展开的一系列宣传活动等。从 2010 年 3 月开始，丰田在全国范围内对卡罗拉等畅销车型提供 12 个月的免息贷款。此外，还在此基础上提供了更有吸引力的优惠，包括现金折扣以及赠送保险、加油卡或道路救援服务等，并借助火爆的节假日车市为其恢复销量助力。

第五节　汽车购买的消费者幸福研究局限

无论哪一门科学，其宗旨总是试图揭示特定研究对象与其他各个相关因素之间的关系。因此，作为一个结构性的概念，研究的意义主要有以下两个方面：

第一，以消费与幸福的关系为重点研究对象，从心理学、消费行为学以及营销学等学科领域深度挖掘消费与幸福的关系，总结消费对幸福的影响机制和影响因素，找到学者研究存在分歧的地方和学者研究达成共识的结论和观点，从而构建消费者幸福的影响因素模型，以为统一研究思路和融合研究成果提供理论借鉴。

第二，以中国中小型城市的消费者为数据收集对象，通过实证方法研究中国情境下的消费者幸福，从而找到影响消费者幸福的情境因素，为改进企业营销的手段和提高消费者生活质量提供依据。

消费者幸福的理论研究时间虽然不长，但已取得空前的发展，并从心理学领域延伸至经济学、消费者行为、广告、市场营销等多个学科领域。研究主要从消费行为和消费心理的角度对消费者幸福的概念、影响因素、测量指标及实证研究进行了述评，并通过文献述评把握了影响消费者幸福的主要因素，从实证中探知不同消费主体的消费差异，并借助结构方程建模挖掘出了消费者幸福的影响机理，为商家服务质量和服务水平的提高提供了实践性的指导建议。研究具有一定的理论意义和实践意义。

在相关学科领域，围绕消费者幸福和消费快乐的研究仍然方兴未艾，内容不断深化，视角不断创新和多样化。在经济学领域，将消费者个体心理特征与其消费决策相结合，正成为幸福经济学的研究趋势。但是，在消费行为研究领域，有关消费者幸福的前因变量或结果变量的研究仍处于探索阶段。例如，在消费者幸福的后向探索中，Sirgy 等（2006）已验证，对私家车消费的高水平的消费者幸福会导致更高水平的车辆整体满意度和品牌的忠诚度。可以说，这项研究为学者以后的消费者幸福后期研究提供了很好的参考价值。

由于消费者幸福会受到消费者个体特征和外界环境等方面的直接或间接的影响，而其作用机制、发生情境又存在多样性和复杂性，因此有不断进行深度挖掘的研究空间。具体来说，未来消费者幸福的研究可从以下三个方面展开：①引入消费者更细致的心理特征变量，如消费者怀旧、态度强度等；②引入情境变量，如消费涉入度、购买方式（个人购买或团购）、消费目的（自用或送礼）等；③将消费者幸福作为一项国家政策和宏观市场的衡量指标进行标准化研究等。

在国际上，消费者幸福的研究探索对国家和行业政策制定者具有很好的指导作用，其对市场营销策略也提供了具体改进的方向。从国内来看，消费者幸福在市场营销和消费行为领域的研究尚处于起步阶段。消费者幸福如何影响消费者的消费行为，企业如何提高消费者的幸福水平，国家如何通过制定消费政策来提高消费者的幸福指数等都是市场研究学者亟须探索的问题。因此，深入开展消费者幸福方面的研究在我国是一个有意义的新方向。

第五章 研究总结

第一节 消费者幸福是消费者追求
高质量生活的必然

目前在消费领域人们更多的是对消费满意度的研究和使用。消费满意度是指消费者通过对一个产品的可感知绩效与其预期绩效比较所形成的感觉状态。许多企业经营者意识到，提高消费满意度不仅是配合经营和销售活动的需要，而且还是企业谋求进一步发展壮大的需要。然而，满意营销也存在着片面化的色彩。首先，满意营销是企业为了获取更多的利润和持续的发展而采取的一种行为，具有功利主义的色彩，更多的是从企业的角度思考问题，而不是真正地为提升消费者的福利而努力；其次，满意度表现是一种短期的理性认知反应，对消费者的情感反应考虑较少，而消费者的消费活动是非理性和长期持续的，在评价时难免有牵强之处。因此，仅仅局限于消费者满意水平的研究不利于提高消费者的生活质量。

消费者幸福是近年来国外学者大力倡导的一个概念。消费者幸福是消费者对其消费生活领域的事件和活动的心理反应，其不仅能代表企业的终极营销观念，更体现为消费者的终极利益。因此，消费者幸福更能客观评价消费者的生活质量状况。

从根本上说，幸福是人生的最终目的，追求幸福是人类所具有的天赋权利。在政府倡导和谐消费、企业追求满意营销的时代，学者们也应该将消费活动提高到使人获得幸福的高度来认识和研究。但是人类社会发展到今天，不论是圣贤哲人，还是宗教世俗，关于幸福都没有统一的论断，更不要说消费者幸福。然而在西方文化中，消费会带来幸福的观念已经根深蒂固，消费者都希望能从消费活动中获取最大化的幸福。因此，关于消费与幸福的关系，很多学者都进行了这方面的研究。一些学者发现在特定情境下，消费的增长确实会带给消费者福利；近几十年来另外一些学者的研究对消费能带来幸福这一观点提出了质疑，他们发现，随着消费的增多，人们并没有表现出更高水平的满意甚至还表现出了不满意，这激发了更多的心理学家、经济学家、社会学家以及行为科学研究者的兴趣。

消费者幸福是一个联结表征消费和幸福之间关系的工具，其受到很多因素的影响，同时其强弱程度又反映了消费者的心理状况。因此，本书开展消费者幸福的实证研究主要有三个目的：①梳理总结国外消费者幸福的研究成果；②从消费体验过程中挖掘影响消费者幸福的因素并构建消费者幸福测量模型；③以手机和汽车消费为例，通过收集中小型城市手机和汽车消费者的幸福数据资料，测量手机和汽车消费者的幸福状况，为企业营销提供参考。

第二节　绿色管理与消费者幸福两者和谐是时代的必然

在现代市场经济条件下，人们已经进入了消费社会时代，许多人把个人幸福等同于消费数量的增加，甚至有人认为消费满足即幸福。不可否认，庞大的生产性经济要求人们将消费作为一种生活方式，而所谓的"幸福生活"也要求人们在不断地消费中寻求心灵的满足并试图在消费中证明其身份。可是，根据经济学家和心理学家的研究，消费并不总是能增进人们的幸福。消费的增长一方面纵容着人们的物欲，另一方面也恶化着我们赖以生存的自然环境。因此，服务企业绿色管理与消费者幸福提升的关系是相得益彰的和谐共存？还是鱼与熊掌只取其一的相生相克？这一命题有待更进一步的求实验证。也正因为如此，如何在日益多样化和个性化的消费生活中提升消费者幸福，成为企业、消费者以及全社会关心的问题。有理由相信，在保持可持续发展的基础上，注重消费者幸福的提升成为服务企业日益密切关注的焦点。

消费者幸福理论研究逐渐成为学者们研究的热点和前沿。然而，在这一领域的经验性描述丰富多彩和研究结论层出不穷的繁荣背后，消费者幸福的规范性研究基本上被忽略了。营销领域没有一个一致认同的消费者幸福概念的界定和测量，也没有一个广泛被接受的幸福理论研究范式，基于特定视角的消费者幸福实证研究就更少了。这些都成为营销学者迫切需要解决的问题。在国际上，消费者幸福的研究探索对国家和行业政策制定者具有很好的指导作用，其对市场营销策略也提供了具体改进的方向。从国内来看，消费者幸福在市场营销和消费行为领域的研究尚处于起步阶段。消费者幸福如何影响消费者的消费行为，企业如何提高消费者的幸福水平，国家如何通过制定消费政策来提高消费者的幸福指数等都是市场营销学者亟待探索的问题。

参考文献

［1］Ahuvia Aaron C. Personality and Values Based Materialism：Their Relationship and Origins ［J］. Journal of Consumer Psychology，2002，12（4）：389-402.

［2］Andaleeb S. S.，Anwar S. F. Factors Influencing Customer Trust in Salespersons in a Developing Country ［J］. Journal of International Marketing，1996，4（4）：35-52.

［3］Andreas Herrmann，Lan Xia，Kent B. Monroe，et al. The Influence of Price Fairness on Customer Satisfaction：An Empirical Test in the Context of Automobile Purchases ［J］. Journal of Product & Brand Management，2007（16）：49-58.

［4］Andrew F. M，Withey S. B. Social Indicators of Well－Being ［M］. New York：Plenum Press，1976.

［5］Andrews F. M.，Withey S. B. Social Indicators of Well-Being：Americans' Perceptions of Life Quality ［M］. New York：Springer Science & Business Media，2012.

［6］Barney J. B.，Hansen M. Trustworthiness as a Source of Competitive Advantage ［J］. Strategic Management Journal，1994，25：175-190.

[7] Bartholomew K. J., Ntoumanis N., Ryan R. M., et al. Self-Determination Theory and Diminished Functioning: The Role of Interpersonal Control and Psychological Need Thwarting [J]. Personality and Social Psychology Bulletin, 2011, 37 (11): 1459-1473.

[8] BaudrillardJ. The Consumer Society: Myths and Structures [M]. London: Sage Publications, 1998.

[9] Bearden W. O., Wilder R. P. Household Life-Cycle Effects on Consumer Wealth and Well-Being for the Recently Retired [J]. Journal of Macromarketing, 2007, 27 (4): 389-403.

[10] Behling O., Law K. S. Translating Questionnaires and Other Research Instruments: Problems and Solutions [M]. Thousand Oaks: Sage Publications, 2000.

[11] Belk R. W. Materialism: Trait Aspects of Living in the Material World [J]. Journal of Consumer Research, 1985, 12 (3): 265-280.

[12] Bentler P. M. Comparative Fit Indexes in Structual Models [J]. Psycholoical Bulletin, 1990, 107 (2): 238-246.

[13] Bentler P. M. On the Fit of Models to Covariances and Methodology to the Bulletin [J]. Psycholoical Bulletin, 1992, 112 (3): 400-404.

[14] Bettingen J., Luedicke M. K. Can Brands Make Us Happy? A Research Framework for the Study of Brands and their Effects on Happiness [J]. Advances in Consumer Research, 2009 (36): 308-315.

[15] Bitner M. J. Servicescapes: The Impact of Physical Surroundings on Customers and Employees [J]. Journal of Marketing, 1992 (56): 57-71.

[16] Bollen K. A. When Good Loadings Go Bad: Robustness in Factor Analysis [J]. Structual Equation Modeling-A MultidIsciplinary Journal, 2020,

27 (4): 515-524.

[17] Campbell A. , Converse P. E. , Rodgers W. L. Quality of American Life [J] . Academy of Management Review, 1976, 2 (4): 694.

[18] Caprara G. V. , Kanacri B. P. L. , Gerbino M. , et al. Positive Effects of Promoting Prosocial Behavior in Early Adolescence: Evidence from a School-Based Intervention [J] . International Journal of Behavioral Development, 2014, 38 (4): 386-396.

[19] Carl J. Thoresen, Seth A. Kaplan, Adam P. Barsky, et al. The Affective Underpinnings of Job Perceptions and Attitudes: A Meta-Analytic Review and Integration [J] . Psychological Bulletin, 2003, 129 (6): 914-945.

[20] Carmines E. G. , Mciver J. P. An Introduction to the Analysis of Models with Unobserved Variables [J] . Political Methodology, 1983, 9 (1): 51-102.

[21] Carola H. , Tim T. Analyzing the Relationship between Social Capital and Subjective Well-Being: The Mediating Role of Social Affiliation [J]. Journal of Happiness Studies, 2018, 19 (4): 1091-1114.

[22] Carree M. A. , Verheul I. What Makes Entrepreneurs Happy? Determinants of Satisfaction among Founders [J] . Journal of Happiness Studies, 2012, 13 (2): 371-387.

[23] Chan M. Mobile Phones and the Good Life: Examining the Relationships among Mobile Use, Social Capital and Subjective Wellbeing [J] . New Media & Society, 2013, 17 (1): 96-113.

[24] Chen C. , Petrick J. F. Health and Wellness Benefits of Travel Experiences: A Literature Review [J] . Journal of Travel Research, 2013, 52 (6): 709-719.

［25］ Chen S. C. , Dhillon G. S. Interpreting Dimensions of Consumer Trust in E-Commerce ［J］. Information Technology and Management, 2003, 4 (2-3): 303-318.

［26］ Chen Z. X. , Aryee S. , Lee C. Test of a Mediation Model of Perceived Organizational Support ［J］. Journal of Vocational Behavior, 2005, 66 (3): 457-470.

［27］ Cherrier H. , Munoz C. L. A Reflection on Consumers' Happiness: The Relevance of Care for Others, Spiritual Reflection, and Financial Detachment ［J］. Journal of Research for Consumer, 2007 (12): 1-19.

［28］ Christopher K. Hsee, Reid Hastie, Jingqiu Chen. Hedonomics: Bridging Decision Research with Happiness Research ［J］. Psychological Science, 2008 (3): 224.

［29］ Churchill G. A. A Paradigm for Developing Better Measures of Marketing Constructs ［J］. Journal of Marketing Research, 1979, 16 (2): 64-73.

［30］ Cohen J. Statistical Power Analysis for Behavioral Sciences ［M］. Egglewood Cliffs, Nj: Lawrence Erlbaum Associates, 1988: 465-467.

［31］ Cooper A. C. , Artz K. W. Determinants of Satisfaction for Entrepreneurs ［J］. Journal of Business Venturing, 1995, 10 (6): 439-457.

［32］ Csikszentmihalyi M. , Larson R. Validity and Reliability of the Experience Sampling Method ［J］. The Journal of Nervous and Mental Disease, 1987 (175): 526-536.

［33］ Curtis P. Haugtvedt, Paul M. Herr, Frank R. Kardes. Hedonomics in Consumer Behavior ［M］. London: Routledge Advances in Social Economics, 2006: 26.

［34］ Dawson S. , Bamossy G. Isolating the Effect of Non-Economic Factors on the Development of a Consumer Culture: A Comparison of Materialism in the Netherlands and the Unites States [J] . Advances in Consumer Research, 1990, 17 (1): 182-185.

[35] Day R. L. Relationships between Life Satisfaction and Consumer Satisfaction [M] //In Marketing and the Quality of Life Interface. New York: Quorum Books, 1987: 289-311.

[36] Desmeules R. The Impact of Variety on Consumer Happiness: Marketing and the Tyranny of Freedom [J] . Academy of Marketing Science Review, 2002, 12 (1): 1-18.

[37] Diener Ed, Biswas – Diener Robert. Will Money Increase Subjective Well-Being? [J] . Social Indicators Research, 2002, 57 (2): 119-169.

[38] Diener Ed. Subject Well – Being [J] . Psychological Bulletin, 1984 (95): 542-575.

[39] Diener E. , Emmons R. A. , Larsen R. J. , et al. The Satisfaction with Life Scale [J] . Journal of Personality Assessment, 1985, 49 (1): 71-75.

[40] Diener E. , Fujita F. Social Comparisons and Subjective Well – Being [J] . Health, Coping, and Social Comparison, 1997, 2: 32-33.

[41] Diener E. , Tay L. Review of the Day Reconstruction Method (Drm) [J] . Social Indicators Research, 2014 (1): 255-267.

[42] Diener E. , Wirtz D. , Tov W. , et al. New Well-Being Measures: Short Scales to Assess Flourishing and Positive and Negative Feelings [J] . Social Indicators Research, 2010, 97 (2): 143-156.

[43] Diener E. Subjective Well – Being: The Science of Happiness and a Proposal for a National Index [J] . American Psychologist, 2000, 55 (1): 34-43.

［44］Dijkhuizen J. , Van Veldhoven M. , Schalk R. Four Types of Well－Being among Entrepreneurs and their Relationships with Business Performance ［J］. The Journal of Entrepreneurship, 2016, 25（2）: 184-210.

［45］Doney P. M. , Cannon J. P. An Examination of the Nature of Trust in Buyer－Seller Relationships ［J］. Journal of Marketing, 1997, 61（2）: 35-51.

［46］Dong-Jin Lee, M. Joseph Sirgy, Val Larsen, et al. Developinga Subjective Measure of Consumer Well－Being ［J］. Journal of Macromarketing, 2002, 22（2）: 158-169.

［47］Dong-Jin Lee, M. Joseph Sirgy. International Marketers' Quality-of-Life Orientation: A Measure and Validational Support ［J］. Journal of Business Ethics, 1999, 18（1）: 73-89.

［48］Douglas M. , Isherwood B. The World of Goods ［M］. New York: Routledge, 1979.

［49］Drnovsek M. , Örtqvist D. , Wincent J. The Effectiveness of Coping Strategies Used by Entrepreneurs and their Impact on Personal Well－Being and Venture Performance ［J］. Journal of Economics and Business, 2010, 28（2）: 193-220.

［50］Easterlin Richard A. Income and Happiness: Towards a Unified Theory ［J］. The Economic Journal, 2001, 111（473）: 465-484.

［51］Ed Diener, Shigehiro Oishi, Louis Tay. Advances in Subjective Well－Being Research ［J］. Nature Human Behaviour, 2018, 2（4）: 253-260.

［52］Elliot Andrew J. , Sheldon Kennon M. , Church Marcy A. Avoidance Personal Goals and Subjective Well－Being ［J］. Personality & Social Psychology Bulletin, 1997, 23（9）: 915-927.

［53］ Engel J. F. , Blackwell R. D. , Minard P. W. Consumer Behavior ［M］. Chicago: The Dryden Press, 1995.

［54］ Engel J. F. , Kollat D. T. , Blackwell R. D. Personality Measures and Market Segmentation-Evidence Favors Interaction View ［J］. Business Horizons, 1969, 12 (3): 61-70.

［55］ Erfani S. , Abedin B. Social Support, Social Belongingness, and Psychological Well-Being: Benefits of Online Healthcare Community Membership ［C］//Chuang Y. T. , Huang C. K. , Lee P. J. Proceedings of the 20th Pacific Asia Conference on Information Systems. Taiwan, China: Pacific Asia Conference on Information Systems, 2016: 1-10.

［56］ Ethan P. What is Consumer Well-Being?: An Historical Analysis ［J］. Journal of Consumer Research, 2009 (10): 78-80.

［57］ Filep S. Moving Beyond Subjective Well-Being: A Tourism Critique ［J］. Journal of Hospitality & Tourism Research, 2012, 38 (2): 266-274.

［58］ Fornell Claes, Michael D. Johnson, Eugene W. Anderson, et al. The American Customer Satisfaction Index: Nature, Purpose and Findings ［J］. Journal of Marketing, 1996, 60 (10): 7-18.

［59］ Fornell C. , Larcker D. F. Evaluating Structural Equation Models with Unobservable Variables and Measurement Error ［J］. Journal of Marketing Research, 1981, 18 (1): 39-50.

［60］ Fornell C. , Michael D. Johnson, Eugene W. Anderson, et al. The AmericanCustomer Satisfaction Index: Nature, Purpose, and Findings ［J］. Journal of Marketing, 1996, 60 (10): 7-18.

［61］ Fromm E. The Will to Live. ［J］. Preventive Medicine, 1976, 5 (4): 518-521.

［62］Garbarino E. , Johnson M. S. The Different Roles of Satisfaction, Trust, and Commitment in Customer Relationships ［J］. Journal of Marketing, 1999, 63（2）: 70-87.

［63］Gaski John F. , Etzel Michael J. The Index of Consumer Sentiment toward Marketing ［J］. Journal of Marketing, 1986, 50（3）: 71-81.

［64］Ger Güliz, Russell W. Belk. Cross-Cultural Differences in Materialism ［J］. Journal of Economic Psychology, 1996, 17（1）: 55-77.

［65］Gerbing D. W. Anderson J. C. An Updated Paradigm for Scale Development Incorporating Unidimensionality and its Assessment ［J］. Journal of Marketing Research, 1988, 25（2）: 186-192.

［66］Granovetter M. S. The Strength of Weak Ties ［J］. American Journal of Sociology, 1973, 78（6）: 1360-1380.

［67］Grzeskowiak Stephan, Sirgy M. Joseph. Consumer Well – Being (CWB): The Effects of Self-Image Congruence, Brand-Community Belongingness, Brand Loyalty, and Consumption Recency ［J］. Applied Research in Quality of Life, 2008, 2（4）: 289-304.

［68］Grzeskowiak S. , Sirgy M. J. , Claiborne D. Housing Well – Being: Developing and Validating a Measure ［J］. Social Indicators Research, 2006, 79（3）: 503-541.

［69］Hahn V. C. , Frese M. , Binnewies C. , et al. Happy and Proactive? the Role of Hedonic and Eudaimonic Well-Being in Business Owners' Personal Initiative ［J］. Entrepreneurship Theory and Practice, 2012, 36（1）: 97-114.

［70］Hair J. F. , Sarstedt M. , Ringle C. M. , et al. An Assessment of the Use of Partial Least Squares Structural Equation Modeling in Marketing Research ［J］. Journal of the Academy of Marketing Science, 2012, 40（3）: 414-433.

［71］Han J. , Jun M. , Kim M. Impact of Online Community Engagement on Community Loyalty and Social Well-Being ［J］. An International Journal, 2019, 47 (1): 1-8.

［72］Harris S. The Affective Implications of Perceived Congruence with Culture Dimensions during Organizational Transformation ［J］. Journal of Management, 1996, 22 (4): 527-547.

［73］Hayman J. Flexible Work Schedules and Employee Well - Being ［J］. New Zealand Journal of Employment Relations, 2010, 35 (2): 76-87.

［74］Heady B. , Wearing A. Personality Life Events and Subject Well-Being: Toward a Dynamic Equibrium Model ［J］. Journal of Personality and Social Psychology, 1989, 57 (4): 731-739.

［75］Hegel G. W. F. Helgel's Phenomenology of Spirit ［M］. Oxford: Oxford University Press, 1977.

［76］Hill R. P. , Felice W. F. , Ainscough T. International Human Rights and Consumer Quality of Life: An Ethical Perspective ［J］. Journal of Macromarketing, 2007, 27 (4): 370-379.

［77］Hills P. , Argyle M. Musical and Religious Experiences and their Relationship to Happiness ［J］. Personality & Individual Differences, 1998, 25 (1): 91-102.

［78］Hinkin T. R. A Review of Scale Development Practices in Study of Organizations ［J］. Journal of Management, 1995, 21 (5): 967-988.

［79］Hmieleski K. M. , Corbett A. C. The Contrasting Interaction Effects of Improvisational Behavior with Entrepreneurial Self-Efficacy on New Venture Performance and Entrepreneur Work Satisfaction ［J］. Journal of Business Venturing, 2008, 23 (4): 482-496.

[80] Howard J. A., Sheth J. N. The theory of Buyer Behavior [M]. New York: John Wiley & Sons, 1969.

[81] Hsee C., Hastie R. Decision and Experience: Why Don't we Choose What Makes us Happy? [J]. Trends in Cognitive Sciences, 2006, 10 (1): 31-37.

[82] Huffman C., Kahn B. E. Variety for Sale: Mass Customization or Mass Confusion? [J]. Journal of Retailing, 1998, 74 (4): 491-513.

[83] Hwang L. A., Jason W. J. G., Vaithilingam S. Social Capital and Subjective Well - Being: The Mediating Role of Social Networking Sites [J]. First Monday, 2019, 24 (10): 1-21.

[84] Jarvenpaa S. L., Tractinsky N., Vitale. M. Consumer Trust in an Internet Store [J]. Information Technology and Management, 2000, 1 (1-2): 45-71.

[85] Jeremy Bentham. An Introduction to the Principles of Morals an Legislation [M]. London: Methuen & Co. Ltd, 1982.

[86] Johnson D., Grayson K. Cognitive and Affective Trust in Service Relationships [J]. Journal of Business Research, 2005, 58 (4): 500-507.

[87] Johnson-George C., Swap W. Measurement of Specific Interpersonal Trust: Construction and Validation of a Scale to Assess Trust in a Specific Other [J]. Journal of Personality and Social Psychology, 1982, 43 (6): 1306-1317.

[88] Joseph Sirgy M., Dong-Jin Lee, Chad Miller, et al. The Impact of Globalization on a Country's Quality of Life: Toward an Integrated Model [J]. Social Indicators Research, 2004, 68 (3): 251-298.

[89] Joseph Sirgy M., Dong-Jin Lee, Jeannie Bae. Developing a Subjective Measure of Internet Well Being: Nomological (Predictive) Validation

[J] . Social Indicators Research, 2006, 78 (2): 205.

[90] Joseph Sirgy M. , Dong-Jin Lee, Val Larsen, et al. Satisfaction with Material Possessions and General Well – Being: The Role of Materialism [J] . Journal of Consumer Satisfaction, Dissatisfaction and Complaining Behavior, 1998 (11): 103-118.

[91] Joseph Sirgy M. , Dong-Jin Lee. Determinants of Involvement in the Consumer/Marketing Life Domain in Relation to Quality of Life: A Theoretical Model and Research Agenda [J] . Academy of Marketing Science, 1995 (10): 67-70.

[92] Kahneman D. , Krueger A. B. , Schkade D. A. , et al. A Survey Method for Characterizing Daily Life Experience: The Day Reconstruction Method [J] . Science, 2004, 306 (5702): 1776-1780.

[93] Kahneman D. , Wakker P. P. , Sarin R. Back to Bentham? Explorations of Experienced Utility [J] . Quarterly Journal of Economics, 1997, 112 (5): 375-405.

[94] Kahneman D. Objective Happiness [M] //In Kahneman D. , Diener E. , Schwarz N. Well – Being: The Foundations of Hedonic Psychology. New York: Russell Sage Foundation, 1999.

[95] Kanawattanachai P. , Yoo Y. J. Dynamic Nature of Trust in Virtual Teams [J] . Journal of Strategic Information Systems, 2002, 11: 187-213.

[96] Keller K. L. Conceptualizing, Measuring, and Managing Customer – Based Brand Equity [J] . Journal of Marketing, 1993 (12): 57.

[97] Kelly L. Haws, William O. Bearden. Dynamic Pricing and Consumer Fairness Perceptions [J] . Journal of Consumer Research, 2006 (33): 304-311.

[98] Kennedy M. S., Ferrell L. K., Leclair D. T. Consumers' Trust of Salesperson and Manufacturer: An Empirical Study [J]. Journal of Business Research, 2001, 51 (1): 73–86.

[99] Keyes C. L. M., Shapiro A. D. Social Well–Being in the United States: A Descriptive Epidemiology [M]. Chicago: A University of Chicago Press, 2004: 350–372.

[100] Keyes C. L. M. Social Well–Being [J]. Social Psychology Quarterly, 1998, 61 (2): 121–140.

[101] Kim Y. K. The Effect of Self–Determination on Happiness and Attachment, Loyalty in Online Community [J]. Journal of Korea Service Management, 2015, 16 (3): 267–298.

[102] Koufaris M., Hampton–Sosa W. The Development of Initial Trust in an Online Company by New Customers [J]. Information & Management, 2004, 41 (3): 377–397.

[103] Kwong S., Chau C. W. Analysis of Parallel Genetic Algorithms on HMM Based Speech Recognition System [J]. IEEE Transactions on Consumer Electronics, 1997, 43 (4): 1229–1233.

[104] Larsen R. J., Fredrickson B. L. Measurement Issues in Emotion Research [M]. New York: Russell–Sage, 1999.

[105] Law K. S, Wong C. S., Mobley W. H. Toward a Taxonomy of Multi-dimensional Constructs [J]. Academy of Management Review, 1998, 23 (4): 741–755.

[106] Layard R. Happiness: Lessons from a New Science [M]. London: Penguin Books, 2005.

[107] Lee D., Sirgy M. J. The Effect of Moral Philosophy and Ethnocen-

trism on Quality-of-Life Orientation in International Marketing: A Cross-Cultur-aal Comparison [J]. Journal of Business Ethics, 1999, 18 (1): 73-89.

[108] Lee D., Sirgy M. J., Larsen V., et al. Developing a Subjective Measure of Consumer Well-Being [J]. Journal of Macromarketing, 2002, 22 (2): 158-169.

[109] Lee D. J., Sirgy M. J., Su C. International Quality-of-Life Orienta-tion: The Construct, its Antecedents, and Consequences [J]. Research in Marketing, 1998 (14): 151-184.

[110] Lee E. J. Factors Influence Consumer Trust in Human-Computer in-teraction: An Examination of Interface Factors and the Moderating Influences [D]. USA: Tennessee University, 2002.

[111] Leelakulthanit Orose, Ralph Day, Rockney Walters. Ivestigating the Relationship Between Marketing and Overall Satisfaction with Life in a Developing Country [J]. Journal of Macromarketing, 1991, 11: 3-23.

[112] Lehmann D. R. Customer Reactions to Variety: Too Much of a Good Thing [J]. Journal of the Academy Marketing Science, 1998, 26 (1): 62-65.

[113] Leigh T. W., Peters C., Shelton J. The Consumer Quest for Authen-ticity: The Multiplicity of Meanings Within the MG Subculture of Consumption [J]. Journal of the Academy of Marketing Science, 2006, 34 (4): 481-493.

[114] Lewis J., Weigert A. Trust as a Social Reality [J]. Social Forces, 1985, 63: 967-985.

[115] Li G., Yang X., Huang S. Effects of Social Capital and Community Support on Online Community Members' Intention to Create User-Generated Con-tent [J]. Journal of Electronic Commerce Research, 2014, 15 (3): 190-199.

[116] Li S., Clark L., Wheeler C. Unlocking the Marketing Potential of Social Capital: A Study to Identify the Dimensions of Social Capital Considered Represented within Online Brand Communities [C] //Chao K., Chung J. Proceedings of the 2013 Ieee 10th International Conference on E-Business Engineering. Los Alamitos: Ieee Computer Society, 2013: 138-141.

[117] Liao S., Chou E. Y. Intention to Adopt Knowledge Through Virtual Communities: Posters Vs. Lurkers [J]. Online Information Review, 2012, 36 (3): 442-461.

[118] Lucas R. E., Diener E., Such E. Discriminative Validity of Well-Being Measures [J]. Journal of Personality and Social Psychology, 1996, 71: 616-628.

[119] Mano Haim, Oliver Richard L. Assessing the Dimensionality and Structure of the Consumption Experience: Evaluation, Feeling, and Satisfaction [J]. Journal of Consumer Research, 1993, 20 (3): 451-466.

[120] Marcos C. H., Marisa S., Susana L., et al. How Psychological Capital Mediates between Study-Related Positive Emotions and Academic Performance [J]. Journal of Happiness Studies, 2019, 20 (2): 605-617.

[121] Maslow. The Instinctoid Nature of Basic Needs [J]. Journal of Personality, 1954, 22 (3): 326-347.

[122] Mathwick C., Wiertz C., Ruyter D. K. Social Capital Production in a Virtual P3 Community [J]. Journal of Consumer Research, 2008, 34 (6): 832-849.

[123] Mayer R. C., Davis J. H., Schoorman F. D. An Integrative Model of Organizational Trust [J]. Academy of Management Review, 1995, 20: 709-734.

[124] Mcallister D. Affect – and Cognition – Based Trust as Foundations for Interpersonal Cooperation in Organizations [J]. Academy of Management Journal, 1995, 38 (1): 24-59.

[125] Meadow H. L., Sirgy M. J. Developing a Measure that Captures Elderly's Well-Being in Local Marketplace Transactions [J]. Applied Research in Quality of Life, 2008, 3 (1): 63-80.

[126] Medsker G. J., Williams L. J., Holahan P. J. A Review of Current Practices for Evaluating Causal-Models in Organizational-Behavior and Huamn-Resources Management Reseach [J]. Journal of Management, 1994, 20 (2): 439-464.

[127] Meek S., Ryan M., Lambert C., et al. A Multidimensional Scale for Measuring Online Brand Community Social Capital [J]. Journal of Business Research, 2019, 100 (7): 234-244.

[128] Morgan-Thomas A., Veloutsou C. Beyond Technology Acceptance: Brand Relationships and Online Brand Experience [J]. Journal of Business Research, 2013, 66 (1): 21-27.

[129] Muniz A. M., O'Guinn T. C. Brand Community [J]. Journal of Consumer Research, 2001, 27 (3): 412-432.

[130] Nakano N., Macdonald M., R. Douthitt. Toward Consumer Well-Being: Consumer Socialization Effects of Work Experience [J]. In Developments in Quality-of-Life Studies in Marketing, 1995 (12): 102.

[131] Neal Janet D., Muzzafer Uysal, M. Joseph Sirgy. The Role of Satisfaction with Leisure Travel/Tourism Services and Experiences in Satisfaction with Leisure Life and Overall Life [J]. Journal of Business Research, 1999, 44 (3): 153-163.

[132] Neal Janet D., M. Joseph Sirgy, Muzzafer Uysal. Measuring the Effect of Tourism Services on Travelers' Quality of Life: Further Validation [J]. Social Indicators Research, 2004, 69 (3): 243-277.

[133] Nicosia F. Consumer Decision Processes [M]. Englewood Cliffs: Prentice Hall, 1966.

[134] Nicosia F. M. Consumer Decision Processes: A Futuristic View [J]. Advances in Consumer Research, 1982, 9 (1): 17-19.

[135] Niedermeier A., Albrecht L., Jahn B. Happy Together: Effects of Brand Community Engagement on Customer Happiness [J]. Journal of Relationship Marketing, 2019, 18 (1): 54-76.

[136] Ogburn. Indexes of Social Trends and their Fluctuations [J]. American Journal of Sociology, 1935, 40 (6): 822-828.

[137] Oliver R. L. A Cognitive Model of the Antecedents and Consequences of Satisfaction Decisions [J]. Journal of Marketing Research, 1989, 17: 460-469.

[138] Organization for Economic Co-operation and Development. OECD Guidelines on Measuring Subjective Well-Being [R]. OECD, 2013.

[139] O'Connell B., O'shea D., Gallagher S. Enhancing Social Relationships through Positive Psychology Activities: A Randomised Controlled Trial [J]. Journal of Positive Psychology, 2016, 11 (2): 149-162.

[140] Pan Y., Zinkhan G. M., Sheng S. The Subjective Well-Being of Nations: A Role for Marketing? [J]. Journal of Macromarketing, 2007, 27 (4): 360-369.

[141] Panaccio A., Vandenberghe C. Perceived Organizational Support, Organizational Commitment and Psychological Well-Being: A Longitudinal Study

[J] . Journal of Vocational Behaviour, 2009, 75 (2): 224-236.

[142] Pancer Ethan, Handelman Jay. The Evolution of Consumer Well-Being [J] . Journal of Historical Research in Marketing, 2012, 4 (1): 177-189.

[143] Park C. W. , Macinnis D. J. , Eisingerich A. B. Brand Admiration: Building a Business People Love [M] . Hoboken, Nj: John Wiley & Sons, 2016: 10.

[144] Pearce P. , Filep S. , Ross G. , et al. Tourists, Tourism and the Good Life [J] . Tourists Tourism and the Good Life, 2011, 24 (1): 162-164.

[145] Perren R. , Kozinets R. Lateral Exchange Markets: How Social Platforms Operate in a Networked Economy [J] . Journal of Marketing, 2018, 82 (1): 20-36.

[146] Peterson M. , Ekici A. Consumer Attitude Toward Marketing and Subjective Quality of Life in the Context of a Developing Country [J] . Journal of Macromarketing, 2007, 27 (4): 350-359.

[147] Pressman S. , Kraft T. , Cross M. It's Good to Do Good and Receive Good: The Impact of a "Pay It Forward" Style Kindness Intervention on Giver and Receiver Well-Being [J] . Journal of Positive Psychology, 2015, 10 (4): 293-302.

[148] Putnam R. D. Bowling Alone: The Collapse and Revival of American Community [M] . New York: Simon and Schuster, 2000: 266-269.

[149] Rahman S. A. , Amran A. , Ahmad N. H. , et al. Enhancing the Wellbeing of Base of the Pyramid Entrepreneurs through Business Success: The Role of Private Organizations [J] . Social Indicators Research, 2016, 127 (1): 195-216.

[150] Rahtz D. , M. Joseph Sirgy, Dong-Jin Lee. Further Validation and

Extension of the Quality – of – Life/Community Healthcare Model and Measures [J] . Social Indicators Research, 2004, 69 (2): 167–198.

[151] Rahtz D. , M. Joseph Sirgy. Marketing of Health Care within a Community: A Quality-of-Life/Need Assessment Model and Method [J] . Journal of Business Research, 2000, 48 (3): 165–176.

[152] Ralph L. Day. Relationships between Life Satisfaction and Consumer Satisfaction [J] . In Marketing and the Quality-of-Life, 1987 (2): 289–311.

[153] Raut R. Two Conceptions of Happiness [J] . Philosophical Review, 1979, 88 (2): 167–197.

[154] Rice G. , Wongtada N. , Leelakulthanit O. An Investigation of Self-Efficacy and Environmentally Concerned Behavior of Thai Consumers [J]. Journal of International Consumer Marketing, 1996, 9 (2): 1–19.

[155] Richins M. L. , McKeage K. K. R. , Najjar D. An Exploration of Materialism and Consumption – Related Affect [J] . Advances in Consumer Research, 1992, 19 (1): 229–236.

[156] Richins M. L. , Rudmin F. W. Materialism and Economic Psychology [J] . Journal of Economic Psychology, 1994, 15 (2): 217–231.

[157] Richins M. L. , Scott Dawson. A Consumer Value Orientation for Materialism and its Measurement: Scale Development and Validation [J] . Journal of Consumer Research, 1992, 19 (3): 303–316.

[158] Richins M. L. Media, Materialism, and Human Happiness [J]. Advances in Consumer Research, 1987, 14 (1): 352–356.

[159] Russell B. The Conquest of Happiness [M] . London: George Allen and Unwin, 1930: 8.

[160] Ryan R. M. , DeCi E. L. On Happiness and Human Potentials: A

Review of Research on Hedonic and Eudaimonic Well-being [J] . Annual Review of Psychology, 2001, 52 (1): 141-166.

[161] Ryff C. D. , Keyes C. L. M. The Structure of Psychological Well-Being [J] . Journal of Personality and Social Psychology, 1995, 69 (4): 719-727.

[162] Rémi Desmeules. The Impact of Variety on Consumer Happiness: Marketing and the Tyranny of Freedom [J] . Academy of Marketing Science Review, 2002 (12): 5.

[163] Samli Coskun. The Consumer Price Index and Consumer Well-Being: Developing a Fair Measure [J] . Journal of Macromarketing, 2003 (12): 105.

[164] Schiffman L. G. & Kanuk L. L. Consumer Behavior [M] . Prentice-Hall: Englewood Cliffs, 1994.

[165] Schjoedt L. Entrepreneurial Job Characteristics: An Examination of their Effect on Entrepreneurial Satisfaction [J] . Entrepreneurship Theory and Practice, 2009, 33 (3): 619-644.

[166] Schmitt B. , Brakus J. , Zarantonello L. From Experiential Psychology to Consumer Experience [J] . Journal of Consumer Psychology, 2015, 25 (1): 166-171.

[167] Schnebelen S. , Bruhn M. An Appraisal Framework of the Determinants and Consequences of Brand Happiness [J] . Psychology & Marketing, 2018, 35 (2): 101-119.

[168] Schnebelen S. , Bruhn M. Brands Can Make Consumers Happy! Developement of a Scale to Measure Brand Happiness [C] //Obal M. , Krey N. , Bushardt C. Developments in Marketing Science: Proceedings of the Academy of Marketing Science. Cham: Springer, 2016: 341-342.

[169] Schouten John W. , McAlexander James H. Subcultures of Consumption: An Ethnography of the New Bikers [J] . Journal of Consumer Research, 1995, 22 (1): 43-61.

[170] Schwartz B. , Ward A. , J. Monterosso, et al. Maximizing Versus Satisficing: Happiness is a Matter of Choice [J] . Manuscript Under Review, 2002, 83 (5): 1178.

[171] Shepherd D. A. , Cardon M. S. Negative Emotional Reactions to Project Failure and the Self-Compassion to Learn from the Experience [J]. Journal of Management Studies, 2009, 46 (6): 923-949.

[172] Shir N. Entrepreneurial Well-Being: The Payoff Structure of Business Creation [D] . Sweden: Stockholm School of Economics, 2015: 1-353.

[173] Sirgy J. , Dong–Jin Lee, Jeannie Bae. Developing a Subjective Measure of Internet Well Being: Nomological (Predictive) Validation [J]. Social Indicators Research, 2006, 78 (2): 205.

[174] Sirgy J. , Dong-Jin Lee. Developing a Measure of Consumer Well Being in Relation to Personal Transportation [J] . Yonsei Business Review, 2003, 40 (1): 73-101.

[175] Sirgy J. , Dong-Jin Lee, Frank Kressman. A Need Based Measure of Consumer Well Being in Relation to Personal Transportation: A Nomological Validation [J] . Social Indicators Research, 2006 (79): 337-367.

[176] Sirgy J. , Terry Cornwell. Further Validation of the Sirgy Et Al's Measure of Community Quality of Life [J] . Social Indicators Research, 2001 (56): 125-143.

[177] Sirgy J. An Extension and Further Validation of a Community-based Consumer Well-being Measure [J] . Journal of Macromarketing, 2008, 28

（3）：243-257.

[178] Sirgy J. , Dong-Jin Lee, Chad Miller, et al. The Impact of Global-ization on a Country's Quality of Life: Toward an Integrated Model [J]. Social Indicators Research, 2004, 68 （3）: 251-298.

[179] Sirgy J. , Dong-Jin Lee, Val Larsen, et al. Satisfaction with Materi-al Possessions and General Well-Being: The Role of Materialism [J]. Journal of Consumer Satisfaction, Dissatisfaction and Complaining Behavior, 1998 （11）: 103-118.

[180] Sirgy J. , Hansen D. E. , Littlefield J. E. Does Hospital Satisfaction Affect Life Satisfaction? [J] . Journal of Macromarketing, 1994, 14 （2）: 36-46.

[181] Sirgy J. , Lee D. J. , Kosenko R. , et al. Does Television Viewship Play a Role in the Quality of Life? [J] . Advert, 1998 （27）: 125-142.

[182] Sirgy J. , Lee D. J. , Rahtz D. Research on Consumer Well Being （CWB）: Overview of the Field and Introduction to the Special Issue [J]. Jour-nal of Macromarketing, 2007, 27 （12）: 341-349.

[183] Sirgy J. , Lee D. J. , Kamra K. , et al. Developing and Validating a Measure of Consumer Well-Being in Relation to Cell Phone Use [J] . Applied Research in Quality of Life, 2007, 2 （2）: 95-123.

[184] Sirgy J. , Lee D. J. , Kressman F. A Need-Based Measure of Con-sumer Well Being （CWB） in Relation to Personal Transportation: Nomological Validation [J] . Social Indicators Research, 2006, 79 （2）: 337-367.

[185] Sirgy J. , Rahtz D. R. , Cicic M. , et al. A method for Assessing Residents' Satisfaction with Community-Based Services: A Quality-of-Life Per-spective [J] . Social Indicators Research, 2000, 49 （3）: 279-316.

[186] Sirgy J. Lee D. J. Macro Measures of Consumer Well-Being (CWB): A Critical Analysis and a Research Agenda [J]. Journal of Macromarketing, 2006, 26 (1): 27-44.

[187] Son J. Consumers in an Online Brand Community: Uses and Gratifications, Social Capital, and Brand Loyalty [D]. Ames: Iowa State University, 2016: 107-109.

[188] Steiger J. H. Point Estimation, Hypothesis Testing, and Interval Estimation Using the RMSEA: Some Comments and a Reply to Hayduk and Glaser [J]. Structual Equation Modeling-A MultidIsciplinary Journal, 2000, 7 (2): 149-162.

[189] Swan J. E., Bowers M. R., Richardson L. D. C. Ustomer Trust in the Salesperson: An Integrative Review and Meta-Analysis of the Empirical Literature [J]. Journal of Business Research, 1999, 44: 93-107.

[190] Swan J. E., Trawick I. F., Rink D. R., et al. Measuring Dimension of Purchaser Trust of Industrial Salespeople [J]. Journal of Personal Selling &Sales Management, 1988, 8: 1-9.

[191] Swan J. E., Trawick I. F., Silva D. W. How Industrial Salespeople Gain Customer Trust [J]. Industrial Marketing Management, 1987, 14 (8): 203-211.

[192] Tak Kee Hui, David Wan, Alvin Ho. Tourists' Satisfaction, Recommendation and revisiting Singapore [J]. Tourism Management, 2007, 28 (4): 965-975.

[193] Tarnovan A. M. The Social Capital of Brand Communities [C] //Despres C. Proceedings of the European Conference on Management, Leadership & Governance. Reading, Uk: Academic Publishing Limited, 2011: 402-409.

［194］Tim Kasser, Katherime L. Rosenblum, Arnold J. Sameroff, et al. Changes in Materialism, Changes in Psychological Well－Being：Evidence from Three Longitudinal Studies and an Intervention Experiment［J］. Motivation and Emotion, 2014, 38（1）：1-22.

［195］Tsai W. , Ghoshal S. Social Capital and Value Creation：The Role of Intrafirm Networks［J］. Academy of Management Journal, 1998, 41（4）：464-476.

［196］Tsuruta K. , Shiomitsu T. , Hombu A. , et al. Relationship between Social Capital and Happiness in a Japanese Community：A Cross-Sectional Study ［J］. Nursing & Health Sciences, 2019, 21（2）：245-252.

［197］Uy M. A. , Foo M. D. , Song Z. L. Joint Effects of Prior Start－Up Experience and Coping Strategies on Entrepreneurs' Psychological Well－Being ［J］. Journal of Business Venturing, 2013, 28（5）：583-597.

［198］Uy M. A. , Sun S. , Foo M. D. Affect Spin, Entrepreneurs' Well－Being, and Venture Goal Progress：The Moderating Role of Goal Orientation ［J］. Journal of Business Venturing, 2017, 32（4）：443-460.

［199］Valkenburg P. M. , Peter J. , Schouten A. P. Friend Networking Sites and their Relationship to Adolescents Well－Being and Social Self－Esteem ［J］. Cyber Psychology & Behavior, 2006, 9（5）：584-590.

［200］Wang Y. J. , Butt O. J. , Wei J. My Identity is my Membership：A Longitudinal Explanation of Online Brand Community Members' Behavioral Characteristics［J］. Journal of Brand Management, 2011, 19（1）：45-56.

［201］Wasko M. M. , Faraj S. Why Should I Share? Examining Social Capital and Knowledge Contribution in Electronic Networks of Practice［J］. Mis Quarterly, 2005, 29（1）：35-57.

［202］ Waterman A. S. , Schwartz S. J. , Zamboanga B. L. , et al. The Questionnaire for Eudaimonic Wellbeing: Psychometric Properties, Demographic Comparisons, and Evidence of Validity ［J］ . Journal of Positive Psychology, 2010, 5 (1): 41-61.

［203］ Weber M. The Religion of China: Confucianism and Taoism ［M］ . New York: The Free Press, 1951.

［204］ Westhrook R. A. Product/Consumption - Based Affective Responses and Postpurchase Processes ［J］ . Journal of Marketing Research, 1987, 24 (3): 258-270.

［205］ Wheaton W. C. Income and Urban Residence: An Analysis of Consumer Demand for Location ［J］ . American Economic Review, 1977, 67 (4): 620-631.

［206］ Wilson A. Improving Life Satisfaction for the Elderly Living Independently in the Community: Care Recipients' Perspective of Volunteers ［J］ . Social Work in Health Care, 2012, 51 (2): 125-139.

［207］ Wirtz J. , Ambtman A. J. , Bloemer C. H. , et al. Managing Brands and Customer Engagement in Online Brand Communities ［J］ . Journal of Service Management, 2013, 24 (3): 223-244.

［208］ Wright N. D. , Larsen V. Materialism and Life Satisfaction: A Meta-Analysis ［J］ . Journal of Consumer Satisfaction, 1993, 6: 158-165.

［209］ Wright Ta, Cropanzano R. The Role of Psychological Well-Being in Job Performance: Afresh Look at an Age-Old Quest ［J］ . Organizational Dynamics, 2004, 33 (4): 338-351.

［210］ Xu J. , Shim S. , Lotz S. , et al. Ethnic Identity, Socialization Factors, and Cultural-Specific Consumption Behavior ［J］ . Psychology & Marketing, 2004, 21（2）：93-112.

［211］Yoon C., Kim C., Kim S., et al. Social Capital, Knowledge Quality, and Online Brand Community Success ［J］. Journal of Information Technology Services, 2014, 3（3）：183-200.

［212］Zeithaml Valarie A. Consumer Perceptions of Price, Quality, and Value：A Means-end Model and Synthesis of Evidence ［J］. Journal of Marketing, 1988, 52（3）：2-22.

［213］Zhou Z., Zhan G., Zhou N. How Does Negative Experience Sharing Influence Happiness in Online Brand Community？ A Dualpath Model ［J］. Internet Research, 2019, 30（2）：575-590.

［214］艾伦·杜宁. 多少算够——消费社会与地球的未来 ［M］. 毕律, 译. 长春：吉林人民出版社, 1997.

［215］布伦诺·S. 弗雷. 幸福与经济学：经济和制度对人类福祉的影响 ［M］. 北京：北京大学出版社, 2006：11-199.

［216］曹斌, 吕春晓, 吴爽. 心理幸福感同生活满意度之间的关系研究 ［J］. 重庆与世界, 2011（2）：92-96.

［217］曹瑞, 李芳, 张海霞. 从主观幸福感到心理幸福感、社会幸福感——积极心理学研究的新视角 ［J］. 天津市教科院学报, 2013（5）：68-70.

［218］常博逸. 中国消费者报告 2010 ［R］. 北京：罗兰贝格资讯管理公司, 2010：16-23.

［219］陈爱国, 滕晓菲, 刘超. 江苏省城市老年人体育锻炼与幸福感的剂量关系研究 ［J］. 当代体育科技, 2015（22）：1-2.

［220］陈春花, 宋一晓. 组织支持资源对员工幸福感的影响机制：双案例比较研究 ［J］. 管理学报, 2014, 11（11）：1639-1645.

[221] 陈宏吉，刘姝，袁月，等．延边地区空巢老年人主观幸福感与社会支持相关分析 [J]．现代预防医学，2016（3）：503-505.

[222] 陈惠雄．"快乐"的概念演绎与度量理论 [J]．哲学研究，2005（9）：82.

[223] 陈惠雄．汽车、私人消费与公共选择：怎样折中最大快乐和人与自然的和谐发展 [J]．管理世界，2004（4）：3.

[224] 陈丽丽，叶博，高俊岭，等．山西省某贫困地区农村老年人生活质量调查 [J]．中国公共卫生，2019（7）：1-5.

[225] 陈丽莹．先进制造业新生代员工幸福感影响因素及影响机制研究 [D]．西安：西安理工大学，2018.

[226] 陈明亮．结构方程建模方法的改进及在 CRM 实证中的应用 [J]．科研管理，2004，25（2）：70-75.

[227] 陈炜，刘心红，刘嘉慧．高校教师主观幸福感相关研究 [J]．沈阳工程学院学报（社会科学版），2016（3）：323-327+334.

[228] 程华．个体差异与消费者接受网上购物——基于杭州样本的实证研究 [D]．杭州：浙江大学，2004.

[229] 程垦，林英晖．组织支持一致性与新生代员工离职意愿：员工幸福感的中介作用 [J]．心理学报，2017，49（12）：1570-1580.

[230] 程文娜．主管程序公平对员工幸福感的影响：主管信任和上下级关系的作用 [D]．上海：上海师范大学，2017.

[231] 崔红志．农村老年人主观幸福感影响因素分析——基于全国 8 省（区）农户问卷调查数据 [J]．中国农村经济，2015（4）：72-80.

[232] 邓军，吴娜，傅安国．海南温泉旅游者健康生活型态对其心理幸福感的影响 [J]．重庆交通大学学报（社会科学版），2014，14（5）：59-62.

［233］狄文婧，陈青萍．丧偶老年人主观幸福感及其影响因素［J］．中国心理卫生杂志，2009（5）：372-376.

［234］范明云．员工感知的人力资源管理实践、工作沉迷与员工幸福感关系研究［D］．广州：广东外语外贸大学，2020.

［235］范晓明，陈信忠，李昕红，等．团队工作在物业服务企业80后员工幸福化管理中的应用［J］．现代物业，2008（11）：3.

［236］风笑天．生活质量研究：近三十年回顾及相关问题探讨［J］．社会学研究，2007（6）：1-8.

［237］冯海宁．让网购鲜花更好地提升消费者幸福指数［N］．消费日报，2021-04-12（A04）.

［238］冯鸿滔，李素珍．变满意营销为幸福营销——积极心理学视角下的消费者幸福问题研究［J］．商场现代化，2009（2）：118.

［239］冯涛，崔光庆．收入与幸福感关系研究述评［J］．经济学动态，2007（10）：4.

［240］冯显德．论亚里士多德的幸福观［J］．中南民族大学学报（人文社会科学版），2005，25（3）：4.

［241］冯雅楠，王玉环，侯蔚蔚．养老机构老年人主观幸福感及影响因素调查分析［J］．中国老年学杂志，2013（2）：371-374.

［242］符国群．消费者行为学［M］．北京：高等教育出版社，2004.

［243］傅湘华．长沙市高职院校辅导员的社会支持与主观幸福感的关系［D］．长沙：湖南师范大学，2010.

［244］高辉．品牌形象理论和实证研究述评［J］．现代管理科学，2007（1）：90-92.

［245］高晴怡．魅力型领导对员工幸福感与敬业度的影响研究［D］．上海：上海工程技术大学，2018.

［246］高园，陈小燕．旅游经济与目的地居民幸福感的关系研究［J］．福建省社会主义学院学报，2012（4）：67-69.

［247］高园．旅游目的地居民主观幸福感的外在影响因素研究——基于海南国际旅游岛的实证调查［J］．生态经济，2012（11）：86-90.

［248］龚兴军，杨琛．消费者情绪、价格公平感知和支付意愿的关系研究——基于公平理论的分析［J］．价格理论与实践，2017（8）：160-163.

［249］顾硕．实施秩序守护工程　提升消费者幸福指数［N］．中国市场监管报，2021-05-14（3）.

［250］关维俊，庞淑兰，王国立，等．唐山市部分社区老年人幸福度及相关因素分析［J］．中国老年学杂志，2007（20）：2015-2016.

［251］郭瞻，肖祖铭．高校教师幸福感及其影响因素研究［J］．南昌师范学院学报，2019（2）：115-117.

［252］国珈．旅游参与对少数民族妇女社会幸福感的影响［D］．西安：陕西师范大学，2014.

［253］韩小芸，汪孝纯．服务性企业顾客满意感与忠诚感关系［M］．北京：清华大学出版社，2003：78.

［254］郝牧女．大学公共英语教师自我效能感、身份认同与主观幸福感的关系研究［D］．郑州：河南大学，2016.

［255］贺晓琴，王影．旅游者幸福感研究回顾与展望［J］．旅游纵览（下半月），2017（9）：36.

［256］洪慧敏．农村商业银行员工幸福感影响因素研究［D］．重庆：重庆师范大学，2019.

［257］候杰泰，温忠麟，成子娟．结构方程模型及其应用［M］．北京：教育科学出版社，2004.

［258］胡高喜，佟哲，陈少英．薪酬福利满意度对高校教师主观幸福

感的影响——组织承诺的中介和自我实现取向的调节效应［J］. 广州大学学报（社会科学版），2016（2）：64-70.

［259］胡亮梓，谭益民，张双全，等. 集体林区生态旅游发展与居民幸福感的研究——以常宁市塔山乡西江村为例［J］. 中南林业科技大学学报，2014（4）：121-124.

［260］胡潘，陈贵琳，刘莹，等. 普通高校教师职业认同感和工作收入对主观幸福感的影响研究［J］. 文化创新比较研究，2019（20）：190-192.

［261］胡文彬，王雪艳，罗根海. 天津地区高校教师主观幸福感的调查［J］. 职业与健康，2014（4）：500-502.

［262］黄丹. 伦理型领导、组织伦理氛围与员工幸福感的关系研究［D］. 成都：西华大学，2019.

［263］黄景莲. 打好维权"组合拳" 提升消费者"幸福感"［N］. 巴彦淖尔日报（汉），2021-03-15（2）.

［264］黄立清. 城市青年主观幸福感初步研究［J］. 青少年研究（山东省团校学报），2004（1）：4.

［265］黄姗姗. 顾客参与对消费者幸福的影响研究［D］. 武汉：中南财经政法大学，2019.

［266］黄向. 旅游体验心理结构研究——基于主观幸福感理论［J］. 暨南学报（哲学社会科学版），2014（1）：104-111.

［267］黄有光. 经济与快乐［M］. 台湾：茂昌图书有限公司，1999.

［268］江林. 消费者心理与行为（第2版）［M］. 北京：中国人民大学出版社，2002.

［269］江林. 消费者心理与行为［M］. 北京：中国人民大学出版社，2015.

［270］金玉芳，董大海．消费者信任影响因素实证研究——基于过程的观点［J］．管理世界，2004（7）：93-99+156.

［271］景劲松．复杂产品系统创新风险管理研究［D］．杭州：浙江大学，2004.

［272］亢雄，寇小龙．试论旅游的幸福维度［J］．西北大学学报（哲学社会科学版），2009，39（6）：185-187.

［273］亢雄．旅游幸福及其研究之价值、视角与前景［J］．思想战线，2012，38（1）：105-109.

［274］科特勒．营销管理（第11版）［M］．梅清豪，译．上海：上海人民出版社，2003.

［275］兰珊．挑战性压力对员工幸福感的影响机制研究［D］．武汉：湖北工业大学，2020.

［276］李倩倩，薛求知．基于变革消费理念的消费者幸福模型研究［J］．管理学报，2018，15（5）：734-741.

［277］李儒林，张进辅，梁新刚．影响主观幸福感的相关因素理论［J］．中国心理卫生杂志，2003，17（11）：783-785.

［278］李伟民，梁玉成．特殊信任与普遍信任：中国人信任的结构与特征［J］．社会学研究，2002（3）：11-22.

［279］李焰，赵君．幸福感研究概述［J］．沈阳师范大学学报（社会科学版），2004，28（2）：22-26.

［280］李扬．国有企业员工幸福感对离职倾向的影响研究［J］．企业改革与管理，2020（20）：53-54.

［281］李幼穗，赵莹，张艳．退休老年人的主观幸福感及其影响因素［J］．中国临床心理学杂志，2008（6）：591-593.

［282］梁艳华．企业员工主观幸福感影响因素探研［D］．镇江：江苏

大学，2009.

　　[283] 刘超，付金梅．主管赋权使能与下属幸福感：互动公正的中介作用与"主人翁"角色的调节效应 [J]．软科学，2012，26（9）：106-109+119.

　　[284] 刘丹，陈烦．体验性购买与实物性购买对消费者幸福感的影响 [J]．合作经济与科技，2020（7）：64-66.

　　[285] 刘国珍，陈惠雄．论幸福感测评的综合化趋势 [J]．绍兴文理学院学报，2009（3）：99.

　　[286] 刘国珍，陈惠雄．幸福的测度：一个测量范式的综述 [J]．财经论丛，2017（8）：11-18.

　　[287] 刘虹．高校教师主观幸福感调查研究——以河南高校为例 [D]．武汉：华中师范大学，2013：1-47.

　　[288] 刘怀伟．商务市场中顾客关系的持续机制研究——基于顾客的视角 [D]．杭州：浙江大学，2003.

　　[289] 刘润泽．S公司员工幸福感影响因素研究 [D]．济南：山东师范大学，2018.

　　[290] 刘小萍，周炎炎．高校教师工作压力对工作满意度的影响研究 [J]．高教探索，2016（1）：124-128.

　　[291] 刘严．旅游幸福指数指标体系构建 [J]．中国集体经济，2009（9S）：148-149.

　　[292] 刘兆隆，范雪白，杨清灵，等．乡村旅游对精准扶贫的效益研究——基于居民幸福感视角 [J]．中国商论，2017（12）：29-36.

　　[293] 刘兆隆，范雪白，杨清灵．居民幸福感和乡村旅游精准扶贫之间关系的理论框架构建 [J]．中国商论，2017（13）：42-44.

　　[294] 娄伶俐．主观幸福感的经济学理论与实证研究 [D]．上海：复

旦大学，2009.

［295］卢泰宏.解读中国营销［M］.北京：中国社会科学出版社，2004.

［296］卢泰宏.中国消费者行为报告［M］.北京：中国社会科学出版社，2005.

［297］卢纹岱.SPSS for Windows 统计分析［M］.北京：电子工业出版社，2002.

［298］鲁勇，魏小安，安金明.广义旅游学［M］.北京：社会科学文献出版社，2013.

［299］陆清.澳柯玛电动车：努力提升消费者幸福感［J］.中国自行车，2013（10）：57.

［300］吕明军，梁文光.基于品牌社群社会资本和消费体验的品牌忠诚培育研究［J］.企业经济，2014（3）：20-23.

［301］罗治得.旅游社区居民主观幸福感评价及影响机制研究［J］.知识经济，2018（14）：71-72.

［302］马茂华.包容性领导对员工幸福感的影响研究：目标接受的中介作用和感知组织支持的调节作用［D］.成都：西南交通大学，2017.

［303］马庆国.管理统计：数据获取、统计原理、SPSS 工具与应用研究［M］.北京：科学出版社，2002：195.

［304］马庆国.中国管理科学研究面临的几个关键问题［J］.管理世界，2002（8）：105-115.

［305］孟婷婷，吴芳，陈玛莉，等.关于高校青年教师主观幸福感现状的调查——以浙江省 25 所高校为例［J］.教育现代化，2017（25）：218-219.

［306］苗力田.古希腊哲学［M］.北京：中国人民大学出版

社，1989.

[307] 苗元江，朱晓红，陈浩彬．从理论到测量——幸福感心理结构研究发展［J］．徐州师范大学学报（哲学社会科学版），2009，35（2）：128-133.

[308] 苗元江．幸福感，社会心理的"晴雨表"［J］．社会，2002（8）：40-43.

[309] 倪惠惠．合肥 DT 公司员工幸福感提升研究［D］．合肥：安徽大学，2018.

[310] 宁淑惠，张卫东．试论"消费者幸福"营销观念——萨缪尔森幸福方程式在营销决策中的改造及应用［J］．山西财经大学学报，1999（1）：65-66.

[311] 潘晓营．挑战性压力对员工幸福感影响的研究［D］．武汉：武汉理工大学，2020.

[312] 彭珍妮．国定假期旅游者主观幸福感的测量与分析［J］．旅游纵览（下半月），2014（11）：57-59.

[313] 邱林．情感幸福感的测量［J］．华南师范大学学报（社会科学版），2011（5）：137-142.

[314] 曲夏夏，张红凤．持不同养老态度的老年人主观幸福感研究［J］．山东社会科学，2017（7）：108-115.

[315] 任春华，郭涛．旅游城市居民主观幸福感的调查研究——以安徽省黄山市为例［J］．黄山学院学报，2014（4）：22-24.

[316] 任俊．积极心理学思想的理论研究［D］．南京：南京师范大学，2006.

[317] 任志洪，叶一舵．国内外关于主观幸福感影响因素研究述评［J］．福建师范大学学报（哲学社会科学版），2006（4）：152-158.

［318］邵琪伟，杜江，等．旅游提升国民幸福：一个分析框架及应用［J］．旅游学刊，2015，30（10）：18-27.

［319］神铭钰，赵聪聪．拟人化品牌角色类型对消费者幸福感影响研究［J］．科技创业月刊，2021，34（3）：111-115.

［320］沈雪容．人本管理视角下生产型企业员工幸福感的构建［J］．内蒙古科技与经济，2019（1）：44-46.

［321］淑梅，刘月平．地方高校教师收入与主观幸福感关系的实证研究——以湖州师范学院为例［J］．未来与发展，2017（6）.74-77.

［322］宋一．略论幸福经济学［J］．理论与现代化，2008（2）：74-77.

［323］宋一晓，王甜，曹洲涛．工作需求与家庭支持型主管行为对员工幸福感的双路径影响［J］．企业经济，2019，38（12）：96-102.

［324］宋一晓．工作特征与工作—家庭冲突对员工幸福感的影响研究［D］．广州：华南理工大学，2017.

［325］苏涛，陈春花，宋一晓，等．基于 Meta 检验和评估的员工幸福感前因与结果研究［J］．管理学报，2018，15（4）：512-522.

［326］孙艳．服务型领导对任务绩效与员工幸福感的影响研究［D］．济南：山东大学，2019.

［327］谈杰．IT 业青年白领主观幸福感研究［D］．北京：中国青年政治学院，2008.

［328］唐春勇，马茂华，赵宜萱．基于目标接纳中介作用的包容性领导对员工幸福感的影响研究［J］．管理学报，2018，15（2）：201-208.

［329］田国强，杨立岩．对“幸福—收入之谜”的一个解答［J］．经济研究，2006（11）：4-15.

［330］田轶．高校师资管理视域下心理契约违背的影响及调适机制构

建〔J〕. 教育理论与实践, 2015 (27): 50-51.

〔331〕屠立达. 尊重生命理论视域内的高校教师主观幸福感提升策略〔J〕. 黑河教育, 2011 (10): 61-63.

〔332〕妥艳媜. 旅游者幸福感为什么重要〔J〕. 旅游学刊, 2015, 30 (11): 16-18.

〔333〕万德敏. 新零售背景下人机交互感知对消费者幸福感的影响研究〔D〕. 南昌: 华东交通大学, 2020.

〔334〕汪清蓉, 吴梓欣, 姜媛媛. 高校教师及行政工作人员心理资本与主观幸福感的现状及相关性研究〔J〕. 产业与科技论坛, 2019 (16): 139-141.

〔335〕汪全海, 姚应水, 金岳龙, 等. 农村女性老年人主观幸福感及其影响因素〔J〕. 中国老年学杂志, 2015 (1): 203-205.

〔336〕王红. 中国老年人主观幸福感研究: 缘起、现状与方向〔J〕. 西北人口, 2015 (1): 62-66.

〔337〕王佳. 在线品牌社群社会资本、社群认同与品牌忠诚——平台属性的干扰作用〔J〕. 软科学, 2018 (1): 122-125.

〔338〕王佳艺, 胡安安. 主观工作幸福感研究述评〔J〕. 外国经济与管理, 2006, 28 (8): 49-55.

〔339〕王磊. 在家乡与在异乡养老的老年人幸福感比较分析〔J〕. 老龄科学研究, 2018 (11): 61-72.

〔340〕王林, 时勘, 骆冬羸. 工作—家庭冲突和反刍思维对主观幸福感的影响机制研究〔J〕. 东北大学学报 (社会科学版), 2019 (5): 480-488.

〔341〕王舒媛, 白凯. 西安回坊旅游劳工移民的地方依恋与幸福感〔J〕. 旅游学刊, 2017, 32 (10): 11-27.

〔342〕王霞, 张开利, 王立红, 等. 徐州市高校教师主观幸福感研究

［J］．西部素质教育，2016（20）：5-6+8.

［343］王霞，张开利，张付芝，等．高校教师主观幸福感的实证分析［J］．当代教育科学，2017（9）：28-32.

［344］王晓武，徐伟，朱振中．基于移动社交媒体的企业虚拟品牌社区价值共创引导机制研究［J］．浙江工商大学学报，2019（2）：66-77.

［345］王新新，薛海波．品牌社群社会资本、价值感知与品牌忠诚［J］．管理科学，2011（6）：53-63.

［346］王燕，李悦，金一波．幸福感研究综述［J］．心理研究，2010，3（2）：14-19.

［347］王燕．国内外主观幸福感的研究进展［J］．科学对社会的影响，2007（2）：9-12.

［348］王雨人．D公司员工幸福感提升的案例研究［D］．广州：广东外语外贸大学，2020.

［349］王重鸣．心理学研究方法［M］．北京：人民教育出版社，1990.

［350］王自强，王浣尘．快乐管理模式［J］．经济理论与经济管理，2004（12）：53-55.

［351］韦琪．高绩效工作系统对员工幸福感的影响［D］．南京：南京航空航天大学，2020.

［352］卫海英，毛立静．服务仪式对消费者幸福感的影响研究——基于互动仪式链视角［J］．暨南学报（哲学社会科学版），2019，41（12）：79-90.

［353］卫海英，王颖，冉雅璇，等．小事情、大幸福：互动仪式链理论视角下服务仪式对品牌福祉的影响［J］．心理科学进展，2018（7）：1141-1151.

［354］吴芳，张磊，冯冬燕．城市低龄老年人主观幸福感及其影响因素［J］．中国老年学杂志，2016（19）：4889-4890.

［355］吴晶，葛鲁嘉，何思彤．幸福感研究的本土化——浅谈道家幸福观［J］．心理学探新，2019（5）：411-415.

［356］吴丽民，陈惠雄，黄琳．婚姻、性别与幸福［J］．浙江学刊，2007（1）：220-225.

［357］吴明霞．30 年来西方关于主观幸福感的理论发展［J］．心理学动态，2000，8（4）：23-28.

［358］吴卫青．高校教师幸福指数的测评与分析——以江西省高校教师为例［D］．南昌：江西财经大学，2009.

［359］吴晓艳．内蒙古高校教师人际关系与心理安全感、主观幸福感的相关研究［J］．阴山学刊（社会科学版），2014（4）：100-103.

［360］伍嘉．精准扶贫视角下农村电商教育扶贫目标人群和学习需求定位分析［J］．云南开放大学学报，2019，21（3）：34-40.

［361］奚恺元，王佳艺，陈景秋．撬动幸福［M］．北京：中信出版社，2008：23.

［362］郄春蕊．Z 行软件中心员工幸福感和离职倾向问题研究［D］．兰州：兰州交通大学，2018.

［363］向娟．分享经济下旅游者幸福感研究［D］．重庆：重庆师范大学，2016.

［364］向玉乔．马斯洛的人本主义幸福观探析［J］．贵州师范大学学报（社会科学版），2010（3）：1-5.

［365］肖永春．幸福心理学［M］．上海：复旦大学出版社，2008.

［366］谢珍萍．论消费方式中的幸福感与代价之关系［J］．甘肃联合大学学报（社会科学版），2008（11）：16-19.

［367］邢占军，黄立清．西方哲学史上的两种主要幸福观与当代主观幸福感研究［J］．理论探索，2004（1）：32-35.

［368］邢占军．测量幸福［M］．北京：人民出版社，2005.

［369］邢占军．城乡居民主观生活质量比较研究初探［J］．社会，2006，26（1）：130-141.

［370］秀艳，Timothy J. Tyrrell. 旅游发展与社区居民幸福之关联——基于泰宁县三个旅游社区的实证研究［J］．吉林师范大学学报（人文社会科学版），2012，40（1）：79-83.

［371］徐菲菲．个人价值观、领导风格与员工幸福感关系研究［D］．杭州：浙江财经大学，2018.

［372］徐曼，刘冰，柴云，等．社区老年人幸福感指数的影响因素［J］．中国老年学杂志，2017（4）：988-990.

［373］徐前，郭存，于坤，等．心理资本、社会资本及人力资本对员工幸福感的影响：任务不确定性的调节效应［J］．中国健康心理学杂志，2021，29（1）：71-76.

［374］徐秀美．基于农牧民幸福感与满意度的西藏乡村旅游开发模式绩效评价［J］．云南地理环境研究，2015，27（1）：1-9.

［375］许龙，高素英，刘宏波，等．中国情境下员工幸福感的多层面模型［J］．心理科学进展，2017，25（12）：2179-2191.

［376］许学华，麻丽丽，李菲．城市老年人幸福感影响因素的调查研究［J］．山西高等学校社会科学学报，2018（6）：29-32.

［377］严标宾，陈雪莹，陶婷．企业家庭友好实践对员工幸福感的影响探析［J］．经济与管理评论，2020，36（2）：67-78.

［378］严标宾，郑雪，邱林．大学生主观幸福感的跨文化研究：来自48个国家和地区的调查报告［J］．心理科学，2003（5）：851-855.

［379］严浩仁，贾生华．顾客忠诚的基本驱动模型研究：以移动通信服务为例［J］．经济管理，2005（4）：42-46．

［380］杨贵芳，宋继红，林榕，等．福州市养老机构老年人主观幸福感的影响因素［J］．中国老年学杂志，2011（11）：2062-2064．

［381］杨建华，赵小玉．四川省农村不同养老方式下老年人主观幸福感［J］．中国老年学杂志，2018（8）：2003-2004．

［382］杨鹃瑞．高校雇主品牌对教师主观幸福感影响的实证研究［D］．南京：南京理工大学，2019．

［383］杨铷铷．高校青年教师职业幸福感研究——以山西省部分高校为例［D］．太原：山西大学，2016．

［384］杨爽，郭昭宇．品牌幸福感对顾客忠诚行为的影响研究［J］．消费经济，2018（6）：68-74．

［385］杨威．高等教育消费者幸福现状研究——基于萨缪尔森幸福方程式的视角［J］．教书育人（高教论坛），2014（6）：24-26．

［386］杨曦，金倩．民族旅游对当地居民主观幸福感的影响研究——以西江千户苗寨为例［J］．佳木斯职业学院学报，2016（12）：431-432．

［387］杨秀君，孔克勤．主观幸福感与人格关系的研究［J］．心理科学，2003，26（1）：3．

［388］叶俊廷．大型休闲购物中心其商店印象、社会交换前驱物及惠顾忠诚度关系之研究［D］．台湾：铭传大学，2004：57．

［389］叶小青．民族旅游社区居民主观幸福感实证研究——以浙江畲族为例［J］．贵州民族研究，2017（6）：43-48．

［390］银霞．自我一致性、品牌社群归属对消费者幸福感的影响——基于手机消费的实证分析［J］．商业经济研究，2018（2）：42-45．

［391］余娟．甘肃农村不同留守状态中老年人自测健康状况与总体幸

福感 [J]. 中国老年学杂志, 2018 (3): 746-748.

[392] 俞国良, 王诗如. 幸福感: 测量、影响因素及其进展 [J]. 黑龙江社会科学, 2015 (3): 81-86.

[393] 俞正炎, 马永兴, 王赞舜, 等. 社会活动对退休后心理衰老的影响 [J]. 中国老年学杂志, 1987 (2): 6-8.

[394] 袁俏. 湖南省高校教师主观幸福感调查研究 [D]. 长沙: 湖南师范大学, 2010.

[395] 袁殷红. 高校教师工作压力与主观幸福感的关系研究——心理资本的中介作用 [J]. 高教学刊, 2018 (18): 152-154.

[396] 翟学伟. 社会流动与关系信任——也论关系强度与农民工的求职策略 [J]. 社会学研究, 2003 (1): 1-11.

[397] 詹染. 旅游者幸福感影响因素及其相互关系研究 [D]. 合肥: 安徽大学, 2017.

[398] 占军. 主观幸福感测量研究综述 [J]. 心理科学, 2002 (3): 336-342.

[399] 张楚文, 徐艳慧. 农村老年人幸福指数的测评 [J]. 统计与决策, 2011 (24): 64-67.

[400] 张含笑. 员工帮助计划 (EAP)、员工幸福感和离职倾向的中介研究 [D]. 南京: 东南大学, 2019.

[401] 张鸿婵. 乒乓球锻炼对高校教师主观幸福感的影响研究 [J]. 当代体育科技, 2013 (25): 2.

[402] 张华, 李志. 企业青年员工工作幸福感的调查研究 [J]. 青年探索, 2006 (1): 4.

[403] 张静平, 叶曼, 朱诗林. 贫困地区老年人幸福感指数及其影响因素 [J]. 中国心理卫生杂志, 2008 (2): 126-128.

［404］张军成，凌文轮．挑战型—阻碍型时间压力对员工职业幸福感的影响研究［J］．中央财经大学学报，2016（3）：113-121.

［405］张立力，梁艳东，陈佩云．广州市养老机构老年人幸福度调查与分析［J］．中国老年学杂志，2008（15）：1513-1515.

［406］张明．现代化与人和自然的矛盾［M］．北京：知识产权出版社，2009：25-27.

［407］张荣．"互联网+"背景下农村电子商务发展模式研究［J］．黑河学院学报，2019，10（6）：71-74.

［408］张天问，吴明远．基于扎根理论的旅游幸福感构成——以互联网旅游博客文本为例［J］．旅游学刊，2014，29（10）：51-60.

［409］张婷．国内游客旅游幸福指数测评及对策研究——以桂林市国内游客为例［J］．河北旅游职业学院学报，2014（3）：46-49.

［410］张雯，郑日昌．大学生主观幸福感及其影响因素［J］．中国心理卫生杂志，2004，18（1）：61-62+44.

［411］张晓，白长虹．快乐抑或实现？旅游者幸福感研究的转向——基于国外幸福感研究的述评［J］．旅游学刊，2018，33（9）：132-144.

［412］张亚芳．旅游对旅游者主观幸福感的影响研究［J］．新西部，2013（5）：40-40.

［413］张一．心理幸福感：研究方法、影响因素及展望［J］．南昌教育学院学报，2012（7）：152-153.

［414］张映芹．制度理性与福利公正：基于国民幸福视角的分析［M］．北京：中国社会科学出版社，2011.

［415］张跃先，马钦海，杨勇．基于服务消费情境的消费者幸福感构念开发和驱动因素研究［J］．管理学报，2017，14（4）：568-579.

［416］章凯，林丛丛．员工幸福感的心理目标实现进程说［J］．管理

学报，2018，15（6）：818-826.

［417］赵纁，张军，李宜军．社区老年人幸福度及其影响因素分析——附182名报告［J］．新医学，2001（12）：751-757.

［418］赵振斌，朱文婷．西部民族旅游社区女性幸福感人群差异——以四川桃坪羌寨为例［J］．云南师范大学学报（哲学社会科学版），2014，46（1）：57-63.

［419］郑玲，周志民，陈瑞霞．逃避体验对消费者幸福感的影响机制研究［J］．珞珈管理评论，2019（3）：154-174.

［420］郑玲．逃避体验对消费者幸福感的影响机制研究［D］．深圳：深圳大学，2019.

［421］郑希付．我们的幸福感［M］．广州：暨南大学出版社，2008.

［422］中华人民共和国工业和信息化部．2011年1月份通信业运行状况［EB/OL］．［2011-03-01］．http：//www.miit.gov.cn/n11293472/n1129383 32/n11294132/n12858447/13610452.html.

［423］周典．宣城人保财险公司员工幸福感提升策略研究［D］．合肥：安徽大学，2019.

［424］周晔，黄旭．高职业声望从业者职业污名感知和员工幸福感——基于认知失调视角［J］．经济管理，2018，40（4）：84-101.

［425］周志民，陈瑞霞，简予繁．品牌幸福感的维度、形成及作用机理——一项基于扎根理论的研究［J］．现代财经，2020（3）：19-34.

［426］周志民，贺和平，苏晨汀，等．在线品牌社群中E-社会资本的形成机制研究［J］．营销科学学报，2011（6）：1-22.

［427］周志民，张江乐．在线品牌社群研究——社会网络的视角［M］．天津：南开大学出版社，2019：69-82.

［428］周志民．基于品牌社群的消费价值研究［J］．中国工业经济，

2005（2）：103-109.

［429］朱薇薇．中国奢侈品消费与生活质量相关研究［D］．上海：华东理工大学，2013.

［430］朱文婷．四川桃坪羌寨女性主观幸福感的人群差异［D］．西安：陕西师范大学，2014.

［431］朱翊敏．在线品牌社群成员参与程度对其社群认同的影响——产品类型和品牌熟悉度的调节［J］．商业经济与管理，2019（2）：51-61.

［432］朱月乔，周祖城．企业履行社会责任会提高员工幸福感吗？——基于归因理论的视角［J］．管理评论，2020，32（5）：233-242.

［433］邹璐.2020年中国数字经济服务质量满意度测评结果发布：数字经济服务质量满意度大幅提升，消费者幸福感不断增强［J］．中国质量，2021（4）：34-36.

［434］邹艳荣．高校教师心理健康水平与主观幸福感、职业效能感的关系研究［J］．湖北函授大学学报，2017（11）：35-37.

附录 A

基于绿色管理的手机购买消费者幸福调查问卷

尊敬的女士/先生：

您好！

为完成一项学术研究，特设计本问卷并恳请您协助填答，目的在于了解您在消费生活领域的幸福状况。问卷的设计是以手机消费为例，完全采用匿名方式作答，通过问卷获得的数据仅用于此次学术研究。十分感谢您的协助与支持！祝您万事如意！

第一部分　个人基本信息

以下是一些关于您的个人信息，仅供统计分析之用，请在适合您的括号内打"√"。

1. 性别：

男（　　）　　　　　　女（　　）

2. 出生年代：

60 年代以前（　） 60 年代（　） 70 年代（　） 80 年代（　）
90 年代（　）

3. 学历：

初中及以下（　） 高中/中专/高职（　） 专科（　） 本科
（　） 硕士及以上（　）

4. 婚姻状况：

已婚（　） 未婚（　） 离异/丧偶（　）

5. 月收入水平：

1500 元以下（　） 1501～2500 元（　） 2501～3500 元（　）
3501～4500 元（　） 4500 元以上（　）

6. 职业：

个体经营者（　） 企业职员（　） 政府职员（　） 事业单位职
员（　） 学生（　） 其他（　）

7. 您目前使用的手机的品牌：

诺基亚（　） 苹果（　） 三星（　） 摩托罗拉（　） 索尼爱
立信（　） 联想（　） LG（　） 多普达（　） 飞利浦（　）
其他（　）

8. 您目前使用的手机价格：

1000 元以下（　） 1000～2000 元（　） 2000～3000 元（　）
3000～4000 元（　） 4000 元以上（　）

第二部分　手机消费体验

下面的语句设计是针对您当前正在使用的一部手机，依照您个人的看
法，请在适合您的选项上打"√"。

1-完全不同意　2-很不同意　3-不同意　4-不确定　5-同意　6-很同意　7-完全同意							
1. 我购买手机的地点有各式各样的手机	1	2	3	4	5	6	7
2. 在购买这部手机时，其产品展示给我留下深刻的印象	1	2	3	4	5	6	7
3. 在购买这部手机时，我对销售人员服务水平和态度很满意	1	2	3	4	5	6	7
4. 我对购买手机时的销售气氛（装潢/灯光/广播）印象深刻	1	2	3	4	5	6	7
5. 我购买手机的地方交通便利	1	2	3	4	5	6	7
6. 我购买手机的地点设施完善、卫生清洁	1	2	3	4	5	6	7
7. 购买完这部手机没多久，厂商又宣布降价	1	2	3	4	5	6	7
8. 这部手机与同品牌其他产品相比价格公道	1	2	3	4	5	6	7
9. 购买完这部手机没多久，厂商又推出性价比很高的产品	1	2	3	4	5	6	7
10. 购买完这部手机后，我发现其他品牌同类产品价格更低	1	2	3	4	5	6	7
11. 这部手机与其他品牌的同类配置相比价格公道	1	2	3	4	5	6	7
12. 这部手机总体性价比不错	1	2	3	4	5	6	7
13. 周围很多人都使用我购买的这部手机的品牌	1	2	3	4	5	6	7
14. 我购买的这个手机品牌得到周围人的正面评价	1	2	3	4	5	6	7
15. 这个手机品牌与自我形象相符	1	2	3	4	5	6	7
16. 拥有这个品牌的手机让我感到满意	1	2	3	4	5	6	7
17. 使用这个品牌的手机可以彰显我的个性	1	2	3	4	5	6	7
18. 使用这个品牌的手机可以提升我的地位和自我形象	1	2	3	4	5	6	7
19. 我对这部手机的外观样式非常满意	1	2	3	4	5	6	7
20. 我对这部手机的性能、功能感到满意	1	2	3	4	5	6	7
21. 我对这部手机的通话质量感到满意	1	2	3	4	5	6	7
22. 使用过程中，这部手机很少出现质量问题	1	2	3	4	5	6	7
23. 我对这部手机的电池续航能力感到满意	1	2	3	4	5	6	7
24. 我对这部手机的总体质量感到满意	1	2	3	4	5	6	7
25. 这部手机的质量保障期限较长	1	2	3	4	5	6	7
26. 这部手机的维修费用较高	1	2	3	4	5	6	7
27. 这部手机的维修方便	1	2	3	4	5	6	7
28. 这个品牌的手机售后服务非常完善	1	2	3	4	5	6	7
29. 这个品牌的手机非常重视顾客的投诉处理	1	2	3	4	5	6	7
30. 这部手机的售后服务与购买时的承诺一致	1	2	3	4	5	6	7
31. 我经常关注这个手机品牌的新闻和广告	1	2	3	4	5	6	7

1-完全不同意　2-很不同意　3-不同意　4-不确定　5-同意　6-很同意　7-完全同意	
32. 我经常关注这个品牌推出的新产品	1　2　3　4　5　6　7
33. 我会向朋友推荐购买这个品牌的手机	1　2　3　4　5　6　7
34. 如果这一品牌的手机价格上调，我会考虑其他品牌	1　2　3　4　5　6　7
35. 如果更换手机，我还会买这一品牌的手机	1　2　3　4　5　6　7
36. 在相同价格和配置情况下，我更愿意购买这个品牌的手机	1　2　3　4　5　6　7
37. 我不后悔购买了这部手机	1　2　3　4　5　6　7
38. 这部手机满足了我在社交、休闲、娱乐等方面的需要	1　2　3　4　5　6　7
39. 使用这部手机给我带来很多快乐	1　2　3　4　5　6　7
40. 与理想中的手机相比，这部手机是让我感到满意的	1　2　3　4　5　6　7
41. 与周围人手机使用情况相比，我对这部手机的使用感到满意	1　2　3　4　5　6　7
42. 总体来说，我对这部手机的消费体验是感到满意的	1　2　3　4　5　6　7
43. 回顾这部手机的使用经历，我对这部手机是感到满意的	1　2　3　4　5　6　7
44. 使用手机让我生活充满乐趣	1　2　3　4　5　6　7
45. 使用手机满足了我日常生活所需	1　2　3　4　5　6　7
46. 使用手机为我的生活提供了便利，对此我感到满意	1　2　3　4　5　6　7
47. 总的来说，使用手机满足了我在很多生活领域的需求	1　2　3　4　5　6　7
48. 总体来看，使用手机能给我生活带来满意和快乐	1　2　3　4　5　6　7

问卷到此结束，谢谢您的参与，祝您工作顺利，万事如意！

附录 B

基于绿色管理的汽车购买消费者幸福调查问卷

尊敬的女士/先生：

最近我从事一项中国博士后课题的研究，需要一些数据做经验分析。烦请您在百忙之中完成这份问卷，所需时间大约为五分钟。您的回答只要是您的真实想法，都是对我的莫大帮助。我以人格保证，您所填写的一切仅作为我的学术研究之用，不会另作他用。谢谢您！

1-1 请问您家常用汽车？请选择。

①1 台　②2 台　③3 台及以上　④无

温馨提示：您若选择了第 4 个选项，问卷第一和第二部分不需要作答，请填写第三部分个人信息。

1-2 请问您家里较常开的一台汽车，它的价格是多少？请选择。

①10 万元以下　　②10 万~20 万元　　③20 万~30 万元

④30 万元以上

一、下面的语句设计都是针对您家里较常开的一台汽车，请谈谈您对这一较熟悉汽车的看法，请选择。

	1-完全不同意 2-很不同意 3-不同意 4-不确定 5-同意 6-很同意 7-完全同意						
	完全不同意	很不同意	不同意	不确定	同意	很同意	完全同意
2-1 很多人提及这款车	1	2	3	4	5	6	7
2-2 选择这台车我经过了很细致的选择	1	2	3	4	5	6	7
3-1 现场的销售人员专业素质强	1	2	3	4	5	6	7
3-2 销售店内的布局舒适	1	2	3	4	5	6	7
3-3 销售过程令人愉快	1	2	3	4	5	6	7
3-4 试乘试驾等服务让人满意	1	2	3	4	5	6	7
3-5 购车手续办理顺畅	1	2	3	4	5	6	7
3-6 交车时车况良好	1	2	3	4	5	6	7
4-1 经销商维修和保养项目收费合理	1	2	3	4	5	6	7
4-2 车的维修和保养方便	1	2	3	4	5	6	7
4-3 车的救援服务收费透明和合理	1	2	3	4	5	6	7

二、您在购买这台较熟悉的汽车时有哪些体验经历和感受？请选择。

	1-完全不同意 2-很不同意 3-不同意 4-不确定 5-同意 6-很同意 7-完全同意						
	完全不同意	很不同意	不同意	不确定	同意	很同意	完全同意
5-1 这台车买得物有所值	1	2	3	4	5	6	7
5-2 车的品牌知名度很高	1	2	3	4	5	6	7
5-3 车的外观设计非常时尚	1	2	3	4	5	6	7
5-4 车的现代感很强	1	2	3	4	5	6	7
5-5 车的功能非常齐全	1	2	3	4	5	6	7
6-1 我很享受购车时的感觉	1	2	3	4	5	6	7
6-2 拥有一台属于自己的车很让人高兴	1	2	3	4	5	6	7
6-3 购买车的整个过程心情不错	1	2	3	4	5	6	7
7-1 销售商的现场布置很时尚	1	2	3	4	5	6	7

续表

1-完全不同意 2-很不同意 3-不同意 4-不确定 5-同意 6-很同意 7-完全同意						
7-2 销售人员能够非常认真细致地讲解	1	2	3	4	5	6	7
7-3 车在当地非常知名的销售店内购买	1	2	3	4	5	6	7
7-4 销售人员的服务态度非常好	1	2	3	4	5	6	7
7-5 整个购车环境很上档次	1	2	3	4	5	6	7
8-1 拥有一款自己的车期望已久	1	2	3	4	5	6	7
8-2 一直在计划购车	1	2	3	4	5	6	7
8-3 拥有这款车让我非常自信	1	2	3	4	5	6	7

三、为了便于统计，请提供一些关于您的个人信息，请选择。

9-1 您的性别：

①男　　②女

9-2 您的年龄（岁）：

①18~20　②20~30　③30~40　④40~50　⑤50 以上　⑥18 以下

9-3 您的学历：

①高中以下　②高中　③大专　④本科　⑤本科以上

9-4 您的月收入（元）：

①3000 以下　②3000~4000　③4000~6000　④6000~8000

⑤8000 以上

9-5 您的职业：

①个体经营者　②政府职员　③企业职员　④医疗、教育机构职员

⑤其他自由职业

9-6 您近年来常住的城市？（请填写）＿＿＿＿＿＿市

问卷到此结束，谢谢您的合作！

后　记

感谢各位读者朋友的热情与支持，阅读本书并一直坚持到最后。谢谢您于万千书中选择了这本书，并愿意花时间在它身上，是您成就了这本书的生命，谢谢您！

在市场经济中，以顾客满意为中心，从顾客满意的角度来开发产品和规划服务企业销售管理活动，是现代服务企业的重要竞争策略。本书结合国内外最新的理论研究和实践成果，历时近十年时间的修改、扩充和完善，终于完稿。

本书从手机购买和汽车购买视角向各位分享了基于绿色管理的消费者幸福研究。从一些零碎的火花到梳理成一些观点，从纯粹的理论思考到将这些理论应用到实践中去验证，从系统思想的勾画到形成一部成体系的书籍，这其中既有耕耘者的辛劳，也有收获者的喜悦。本书写作和出版承载了一字一句地精雕细琢，科研道路艰辛，非亲身经历，无法感同身受，个中感受颇多。

本书从绿色管理的独特视角对手机购买、汽车购买和消费者幸福等有关问题做了些许探讨。由于时间和学识的拘囿，进行深入探讨、学习的时间有限，与营销同行们也疏于共同探讨和切磋，因此本书整体的系统性尚有些欠缺。另外，很多是原创性的调查研究，调查研究机理和框架构建、文献梳理阐述及其实证研究结论，难免出现不妥当或较为粗糙的地方，恳请读者们不吝赐教。有待商榷的基本概念、理论和研究方法需要不断充实和完善，是笔者今后研究努力的方向，也恳切希望得到各位读者的批评和指教。

限于篇幅以及笔者的水平，本书只是抛砖引玉，欢迎心中有想法、见解、建议的朋友发送邮件与作者分享和交流，以便在今后的研究中进一步充实本书的内容和提升本书的理论和实践意义。请您不吝分享本书带给您的感触！您的想法和建议对笔者非常有价值，感激不尽！

任何创作都不可能是"凭空而起的"。本书在写作过程中参阅了许多国内外专家和学者的研究成果。他们的研究成为本书研究推进的夯实基础，在此也一并为谢！在本书完稿出版之时，深感其中还存在诸多不足，在此恳请读者和同行不吝赐教，以便在今后的研究中加以补充和修正。

另外，感谢工作单位浙江财经大学工商管理学院和浙江工商大学杭州商学院对本书写作的大力支持！衷心感谢单位良师益友对本书出版的关心和指导！

不积跬步，无以至千里；不积小流，无以成江海。本书的出版得益于浙江省自然科学基金项目"产品伤害危机情境下基于社群营销的企业服务补救对顾客宽恕的影响机理研究"（项目编号：LY22G020009）和国家社科后期资助项目"服务企业服务补救影响机理研究"（项目编号：19FGLB021）的支持，在此感谢！

本书的出版得到浙江财经大学工商管理学院王建明院长主持的研究阐释党的十九届四中全会精神国家社科基金重大项目"数字经济时代完善绿色生产和消费的制度体系和政策工具研究"（项目编号：20ZDA087）的支持，在此一并为谢！

感谢浙江财经大学工商管理学院数字化服务营销研究中心对消费者幸

福研究主题不懈地熟读深思和持续地精耕细作！

　　感谢经济管理出版社和责任编辑张莉琼为本书出版付出的努力！张莉琼编辑为了提升本书的出版质量耐心地提出了许多专业性的修改意见，受益良多，非常感谢！

谢凤华　古家军

浙江杭州